À la recherche d'un

Business French in a Communica

À la recherche d'un emploi

Business French in a Communicative Context

Amy L Hubbell

Kansas State University

Focus Publishing
R. Pullins Co.
Newburyport, MA

À la recherhe d'un emploi: Business French in a Communicative Context

Amy L. Hubbell

Publisher: Ron Pullins
Managing Editor: Tom Walker
Production Manager: Linda Diering
Marketing Manager: David Horvath
Business Manager: Kerri Wetherbee
Cover Designer: Patricia Kungie

ISBN 13: 978-1-58510-372-0

ISBN 10: 1-58510-372-1

10 9 8 7 6 5 4 3 2 1

0910EB

Table des matières

Preface to the Instructor

À la recherche d'un emploi: Business French in a Communicative Context is designed for students at the intermediate, or third year level of French, who are seeking to develop their vocabulary and cultural knowledge in preparation for working in an international environment. Even more than their need to learn business structures and practices, most students need business communication skills, including advanced cultural competency. *À la recherche d'un emploi* takes a hands-on approach encouraging students to deduce structures and practices from authentic materials. Communicative exercises are reality-based and task-oriented encouraging a student-centered classroom. These situations elicit natural language use, facilitate vocabulary acquisition, and provide students ample opportunity to create relevant and personalized documents in French.

The first two chapters give a brief overview of the geography and administration in France, Quebec and several other Francophone countries while identifying and analyzing major Francophone company structures. Chapters 3 through 7 focus on the skills required to obtain a position within a Francophone firm. Readings and activities relate to determining career goals, networking, finding and decoding job announcements, writing a cover letter, creating a curriculum vitae, completing the job interview process, and providing a follow-up letter. Chapter 7 additionally models professional communication with sample letters, order forms, bank statements, as well as electronic communications. The final chapter presents a case study of a real French company, Rose La Biche™, and then requires students to use their acquired linguistic and cultural skills to create a marketing campaign.

Each chapter includes viewing activities taken from feature-length Francophone films and online video content that provide opportunities for cultural analysis, listening comprehension, and vocabulary building. Throughout the text activities are structured to guide students in vocabulary acquisition and cross-cultural communication. Selected readings and related activities expose students to real life situations and prepare them to use their acquired skills in a natural environment. *À la recherche d'un emploi* requires students to examine their personal goals and to assess their strengths and weaknesses as they develop a personalized job portfolio. These activities enforce valuable crossover skills that will serve the students in developing their language skills in French, as well as in preparing themselves for the job market in their own country.

À la recherche d'un emploi was created for French instructors who are not business specialists. As such, the text does not assume the instructor will have special knowledge of business operations or economics in the Francophone world. A wide variety of structured assignments allow the instructor to choose activities that best suit students' interests and needs. An instructor's ancillary with answer keys, grading rubrics, and additional teaching suggestions is available. In addition, the student companion website www.pullins.com/Hubbell/BusinessFrench provides a single source for online viewing activities, updates to links, videos, and other information pertinent to the course.

Both French and Canadian materials and vocabulary are emphasized with other Francophone countries highlighted in this text. The trade relationship between the USA and Canada is the longest and most extensive in the world ($1.5 billion in goods is traded daily and 300,000 people cross the border each day) making it more probable for American students to use French with Canadian companies or clients. Likewise, the United Kingdom and France have a long-standing trade relationship and the U.K is the fifth destination for French direct investment. According to the French Embassy in the U.K., over 1,500 subsidiaries of British firms are present in France and there are more than 1,500 French firms employing 250,000 people in the United Kingdom. To meet the needs of an international market, *À la recherche d'un emploi* uses authentic materials from Quebec and France. Canadian vocabulary is footnoted with French equivalents and vice versa. Students will find supplemental vocabulary (office supplies, for example) in the glossary at the end of the book.

Preface to the Student

Focused on the job search process, *À la recherche d'un emploi: Business French in a Communicative Context* is designed to develop your vocabulary and cultural knowledge in preparation for working in an international environment. The program will provide you with real situations and authentic resources while requiring you to consider your own strengths and experiences as you prepare for your career. Upon completion of the text, you will have created a personalized job portfolio that can be immediately used as a model when entering the Francophone job market. These activities enforce valuable crossover skills that will develop your language skills in French, as well as prepare you for the job market in your own country.

Beginning with a brief overview of the geography and administrative structure in France, Quebec and several other Francophone countries, the text then leads you in identifying and analyzing major Francophone company structures. Chapters 3 through 7 focus on the skills required to obtain a position within a Francophone firm such as determining career goals, networking, finding and decoding job announcements, writing a cover letter, creating a curriculum vitae, completing the job interview process, and providing a follow-up letter. Chapter 7 additionally models professional communication with sample letters, order forms, bank statements, and electronic communications. The final chapter presents a case study of a real French fashion company, Rose La Biche™. You will then use your acquired skills to create a marketing campaign. In addition to authentic texts, each chapter includes viewing activities taken from feature-length Francophone films and online video content that encourage cultural analysis and exercise your listening comprehension.

Even more than the need to learn business structures and practices, most students need business communication skills, including advanced cultural competency. *À la recherche d'un emploi: Business French in a Communicative Context* takes a hands-on approach encouraging you to deduce structures and practices from authentic materials. Regardless of where you plan to live and work, this text is designed to guide you in identifying your goals and to present yourself in the best way in both written and spoken situations.

Acknowledgements

This book came into existence thanks to my appointment at Kansas State University where I was given the Commercial French course as part of my regular teaching assignment. The course posed multiple challenges for me, a new assistant professor who was highly trained in French literature and not so much in French business. As it is with many of us who teach university French courses, I quickly began supplementing the textbooks available with my own materials to meet the needs of my students and to match my own abilities and knowledge in French. After four years of experience with the course, I had enough material of my own to create this textbook, focused on the job-search process in a Francophone country. During the course of writing the chapters on the cover letter and the job interview, I was going through my own job search process which ultimately resulted in a successful appointment to the University of Queensland in Brisbane, Australia. That experience reconfirmed the value of the resources presented here.

I owe sincere gratitude to both my students and colleagues at Kansas State University who have given me the independence and accorded me the patience to create and use my own texts. Students in my Commercial French courses have given me candid feedback on material and exercises which have, in turn, shaped and strengthened the course. Two of my graduate students, Mary McGivern and Abby Héraud, went on the job market in Francophone countries and used my materials and provided models for the text in return. Career and Employment Services at Kansas State University also provided both me and my students with numerous sources of information in English that helped prepare this work. My colleagues in Modern Languages have supported me throughout the process and I thank them for valuing this work.

For specific support in funding and materials, I thank CIBER (Centers for International Business Education and Research) for their scholarship to attend the Business language Workshop at the University of Memphis in 2005 where I began conceiving this text in Will Thompson's workshop. The Canadian Embassy Faculty Enrichment Grant supported me during a month of research in Quebec in 2008. While there, I worked with the Services à la vie étudiante at the Université du Québec à Montréal and attended their seminars for students seeking employment. I am especially indebted to the Université Laval and MC2 Expérience Stratégique for their three-day workshop on the job search led by Michel Landry and Ginette Comeau. Andrew Webb, Directeur général of MC2 Expérience Stratégique, has been especially helpful and has given me access to numerous materials presented in this textbook. Without his help, this text would not have the depth and balance that it currently offers.

Chapter 8, a case study of Rose La Biche™, is entirely dependent on the work of Lucy Baluteig-Gomes, who not only gave me permission to use her company as a model, but also wrote most of the material presented. I cannot thank her enough for her willingness to provide a real model and the context for this course. My friend and colleague, Angélique Courbou, voluntarily proofread materials. I thank her for her keen and critical eye as well as for her support. I would also be remiss if I did not thank my own undergraduate professor of Business French at Truman State University, Dr. Gregg Siewert. He has been an outstanding mentor and source of encouragement throughout the years. Likewise, my editor at Focus Publishing, Tom Walker, has been tremendously motivating and enthusiastic throughout the writing and completion of the text.

I am extremely grateful to the following reviewers of my manuscript, each of whom has provided me with valuable insights, comments and suggestions, and without whom this text would not be what it has become: Eileen M. Angelini, Canisius College; Jean Xavier Brager, Louisiana State University; Rachael Criso, University of Michigan; Damien Ferland, Université du Québec à Chicoutimi; Michel Gueldry, The Monterey Institute of International Studies; Sharon P. Johnson, Virginia Polytechnic Institute and State University; Nathan Love, Western Kentucky University; Therese Saint Paul, Murray State University; Catherine Savell, Loyola University Maryland; Atiyeh Showrai, University of Southern California; and William Thompson, University of Memphis.

I could not have completed this work without the love and support of my husband, Doug Powell, who is both my favorite person and my biggest fan. I also thank our daughter Sorenne for her unconditional and precious love that makes sense out of what I do.

Amy L. Hubbell
Kansas State University

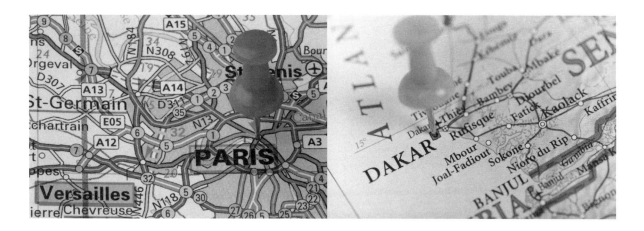

Context

You are an international student enrolled in a Francophone university. Your long-term goal is to land a job in a small start-up company with the opportunity to either continue your career abroad or in a Francophone company in your own country. You are especially interested in using your French language and cultural skills throughout your career.

In order to achieve your goals, you must learn about the economies and administration of the Francophone countries that interest you and begin investigating different companies in your field. After learning about different business structures, you begin to establish your professional portfolio or « dossier de candidature » which includes job announcements, a curriculum vitae, a cover letter, and a follow-up letter. You also participate in mock interviews to be fully prepared for the job market.

At the end of your search, you have found a job in a small French clothing company, Rose La Biche™. After acquainting yourself with the company's profile, you are asked to create a marketing campaign.

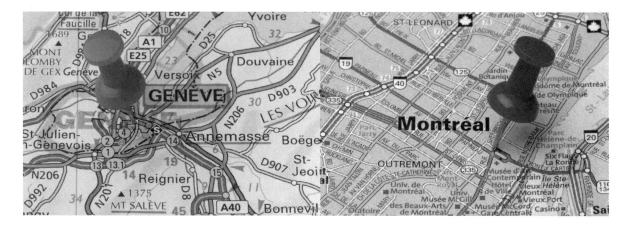

Chapitre 1

La Géographie et l'administration de la France et quelques régions francophones

Votre motivation principale est de travailler en France ou dans un pays francophone, mais vous accepteriez également un poste dans votre pays d'origine qui vous accorderait la possibilité de collaborer avec des francophones. Par conséquent, votre recherche de travail nécessite une connaissance de la géographie de la France et du monde francophone. Étudiez les cartes suivantes et complétez les activités.

Activité préparatoire

Avec un partenaire, étudiez la carte de France, identifiez les noms des régions que vous reconnaissez et situez les villes que vous avez visitées ou étudiées. Combien de régions connaissez-vous ? Et combien de villes ? Connaissez-vous quelques départements ? Si oui, lesquels ?

Ensuite, changez de partenaire pour voir si vous pouvez découvrir encore plus de régions, de départements et de villes. Indiquez-les sur votre carte.

Essayez maintenant d'identifier les cinq premières villes françaises par population. Où se situent-elles ? Connaissez-vous la population approximative de chaque ville ?

Vocabulaire pour la géographie et l'administration

la géographie et l'administration

un arrondissement	arrondissement, administrative division
un canton	canton
une collectivité d'outre-mer (COM)	overseas community
une commune	village, town
un comté	canton, county
un département	department
un département d'outre-mer (DOM)	overseas department
francophone, *adj.*	French-speaking
un pays d'outre-mer (POM)	overseas country
une région	region
une région d'outre-mer (ROM)	overseas region

le gouvernement · government

l'administration	government, management, administration
le Maire	Mayor
le Maire adjoint	Deputy Mayor
le Ministère	Ministry
le Ministre	Minister (in U.S., Secretary of Defense, etc.)
le Premier Ministre	Prime Minister

l'économie · economy

le chômage	unemployment
la conjoncture économique	economic climate
la croissance	growth
la croissance économique	economic growth
l'espérance de vie	life expectancy
la devise	currency, motto
l'inflation	inflation
la monnaie	currency
la population active	working population
le Produit Intérieur Brut (PIB)	Gross Domestic Product (GDP)
une profession libérale	a profession requiring special training in liberal arts and sciences, someone not employed by a company (doctors, lawyers, architects, etc.)
le Revenu National Brut (RNB)	Gross National Product (GNP)
le taux	rate
le taux d'alphabétisation	literacy rate
le taux de croissance	growth rate
le taux de fécondité	fertility rate
le taux d'impôts	tax rate
le taux de mortalité	mortality rate
le taux de natalité	birth rate

Administration et géographie de la France

La France métropolitaine se compose de 22 régions divisées en 96 départements. Quand on parle de la France d'outre-mer, on la désigne souvent par DOM-TOM (Départements d'Outre-Mer et Territoire d'Outre-Mer), mais depuis un changement constitutionnel en 2003, cet acronyme n'est plus vraiment correct. En fait, il y a quatre régions d'outre-mer (ROM) – Guadeloupe, Martinique, la Réunion, et Guyane et chacune est également considérée un département d'outre-mer (DOM)[1]. Ces ROMs ont un statut semblable à celui d'Hawaï aux États-Unis. De plus, la France compte des collectivités d'outre-mer (COM) : Mayotte, Saint-Pierre-et-Miquelon, Saint-Barthélemy, Saint-Martin, Wallis-et-Futuna, et les Terres australes et antarctiques françaises. En 2011, Mayotte deviendra la cinquième région d'outre-mer. La Polynésie Française a le statut de pays d'outre-mer (POM) et il y a d'autres régions avec des statuts spéciaux auprès de la France, ce qui est le cas de la Nouvelle-Calédonie.

Activité

Consultez une carte du monde francophone et identifiez les ROM, les DOM, les COM et le POM mentionnés ci-dessus.

Comparez cette carte à la carte que vous avez complétée pendant l'Activité préparatoire. Avez-vous correctement identifié les Régions de France la première fois ?

---

1   Parfois on les appelle, tout simplement, les DROM (Départements et Régions d'Outre-mer).

Les Régions de France

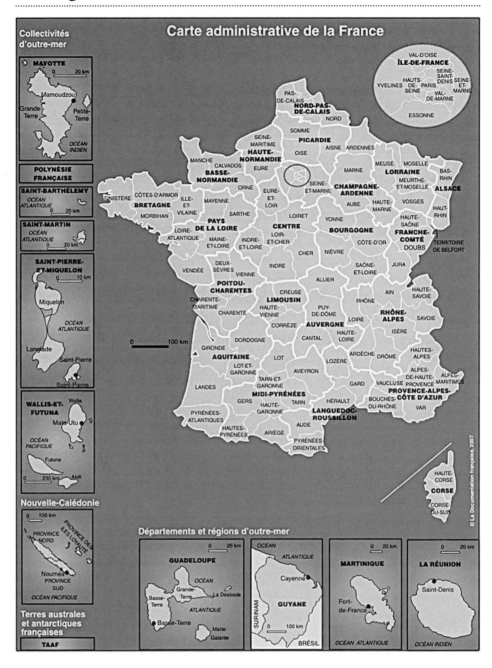

Les Régions et villes principales

Régions d'outre-mer: Guadeloupe, Guyane, Martinique, Réunion

Les cinq premières villes par population selon les informations de 2007 pour les agglomérations urbaines: 1. Paris (10 197 678), 2. Marseille (1 428 660), 3. Lyon (1 422 328), 4. Lille (1 014 590), 5. Nice (946 6231)

Les Départements de France

Les régions de France sont divisées en départements et chaque département administratif porte un numéro. Ces numéros sont visibles, par exemple, sur les plaques d'immatriculation et parfois dans le code postal (mais il y a plusieurs exceptions). Les départements sont eux-mêmes divisés en arrondissements, les arrondissements sont divisés en cantons et communes. Les communes urbaines peuvent comprendre plusieurs cantons, mais en zone rurale, le canton peut être composé de plusieurs communes.

Activité orale 1 : Test de mémoire

À vous de reconstruire. Avec un partenaire, étudiez la carte des régions de France pendant 5 minutes. Ensuite, sans regarder la carte, identifiez autant de régions que possible sur cette carte vide. Puis, étudiez la carte des départements de France pendant 5 minutes. Essayez de placer un minimum de 10 départements par numéro.

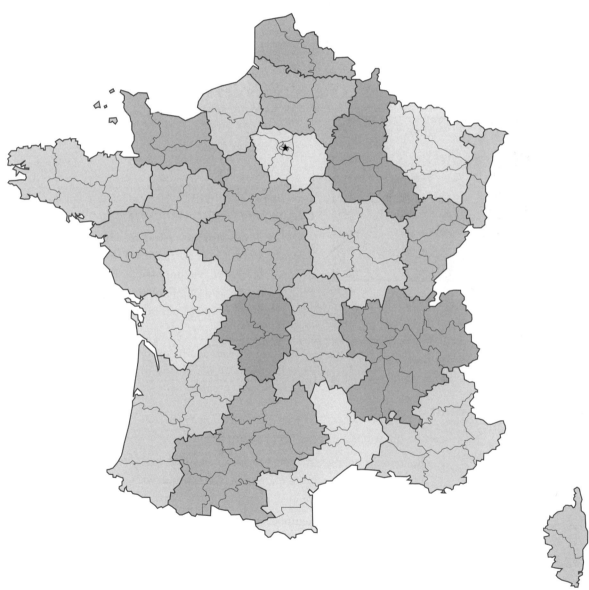

Activité écrite et orale : Présenter une région française

La France veut se promouvoir pour augmenter le nombre de touristes qui y viennent chaque année. On vous demande, alors, de faire une campagne publicitaire pour une des régions françaises. Seul ou avec un partenaire, choisissez une région de France et faites de la recherche pour faire une présentation écrite et orale qui va séduire les touristes potentiels. Parlez des éléments suivants :

- la géographie, l'histoire, la politique
- les attractions, le divertissement, l'architecture et l'art
- l'économie, l'agriculture, l'industrie
- la cuisine particulière, l'artisanat régional

Visionnement 1 : Stéréotypes des Régions de France

Bienvenue chez les Ch'tis (*Welcome to the Sticks*)

Réalisé par Dany Boon

France, 2008

Durée : 1h 46min

Synopsis

« Philippe Abrams est directeur de la poste de Salon-de-Provence. Il est marié à Julie, dont le caractère dépressif lui rend la vie impossible. Pour lui faire plaisir, Philippe fraude afin d'obtenir une mutation sur la Côte d'Azur. Mais il est démasqué: il sera muté à Bergues, petite ville du Nord.

Pour les Abrams, sudistes pleins de préjugés, le Nord c'est l'horreur, une région glacée, peuplée d'êtres rustres, éructant un langage incompréhensible, le «cheutimi». Philippe ira seul... » (http://www.bienvenuechezleschtis-lefilm.com/)

Avant de regarder

Discutez les questions suivantes avec un partenaire :

1. Racontez quelques stéréotypes régionaux que nous avons aux États-Unis. Est-ce qu'il y a certains états dont vous aimez vous moquer (raconter des blagues, etc.) ? A votre avis, pourquoi avons-nous ces idées ?

2. Discutez quelques exemples en anglais de prononciation ou de vocabulaire qui changent selon la région (à l'intérieur et à l'extérieur des États-Unis). Pensez par exemple aux mots suivants : roof, creek, oil, aunt, you, you'se, y'all, you'uns, soda, pop. Est-ce que ces différences empêchent notre communication interrégionale ?

3. Est-ce qu'il y a des endroits où vous refusez d'habiter ? Pourquoi ou pourquoi pas ?

4. Est-ce qu'il vous est déjà arrivé de quitter votre famille pour un court ou long séjour ? Si oui, quels étaient vos sentiments ? Quelles étaient vos expériences avec les gens à votre destination ?

5. Accepteriez-vous un poste[2] dans une région que vous n'aimiez pas dans l'espoir d'être muté[3] dans votre région ou ville de rêve plus tard ? Pourquoi ou pourquoi pas ?

6. Est-ce que vous avez déjà accueilli un étranger ou une personne d'une autre région dans votre communauté ? Est-ce que la communauté était ouverte ou accueillante envers cette personne ? A votre avis, quels étaient les sentiments de cette personne ?

Géographie

Quelle ville est le plus au nord en France ? Comment s'appelle la région ? Quelles sont les villes principales près de la Méditerranée ? Quelles régions sont dans le Sud ?

Identifiez les régions et villes sur la carte de France (consultez aussi http://maps.google.com):

> **Villes**: Lille, Marseille, Salon-de-Provence, Sanary-sur-mer, Bergues (59380 Bergues, Nord, Nord-Pas de Calais, France) Paris, Lyon
>
> **Régions** : Provence-Alpes Côte d'Azur, Nord Pas de Calais, Ile de France

Bande annonce

Cherchez la bande annonce en ligne et regardez-la. Quand on dit à Philippe qu'il sera muté dans le Nord, à quelles villes pense-t-il? Quelle est l'image du Nord donnée dans cette bande annonce ?

Visionnement

Répondez aux questions suivantes pendant que vous regardez le film.

1. Donnez quelques adjectifs qui décrivent les personnages suivants:
   a. Philippe Abrams
   b. Antoine Bailleul
   c. Julie Abrams
   d. Annabelle Deconninck
   e. La maman d'Antoine
   f. Le grand oncle de Julie

2. Où travaille Philippe et quel poste occupe-t-il ?

3. Pourquoi est-ce que Philippe veut être muté et où veut-il aller ?

4. Que fait-il pour accélérer sa mutation ? Pourquoi le fait-il ? Est-ce qu'il réussit ?

5. Décrivez le rapport entre Philippe et Julie.

---

2   un poste = un travail
3   muter = affecter à un autre poste (to transfer)

6. Avant que Philippe ne déménage dans le Nord, que lui dit-on de cette région ?

7. Pourquoi est-ce que Philippe se fait arrêter par les gendarmes quand il est en route pour Bergues ?

8. Décrivez l'accueil que Philippe reçoit à Bergues.

9. Comment se comporte Philippe avec ses nouveaux employés ?

10. Pourquoi Philippe commence-t-il à mentir à Julie ?

11. Expliquez le cheutimi ou la langue « ch'ti ». Donnez quelques exemples du vocabulaire ou de la prononciation (Utilisez le Web pour trouver un dictionnaire de « Chti-français ».)

12. Quel est le conflit principal entre Antoine et Annabelle ? Quelle est la solution ?

13. Pourquoi est-ce qu'Antoine est souvent ivre au travail? Que fait Philippe pour résoudre le problème ? Est-ce efficace ? Pourquoi ou pourquoi pas ?

14. Quel est le grand passe-temps d'Antoine ? Quelle est l'importance de cette activité dans le film ?

15. Que font les membres de la communauté quand Julie vient rendre visite à Philippe ? Comment représentent-ils leur ville ? Pourquoi acceptent-ils de le faire ? A votre avis, comment se sentent-ils ? Comment vous sentiriez-vous si quelqu'un vous demandait de faire la même chose ?

16. Qu'est-ce que Julie décide de faire pendant sa visite à Bergues ? Pourquoi ?

17. Qu'est-ce que Philippe pense du Nord Pas de Calais à la fin de son séjour ? Qu'est-ce qui a changé et pourquoi ?

Après avoir regardé

1. Dans les questions « avant de regarder » vous avez discuté des régions où vous n'aimeriez pas vivre. Imaginez comment votre vie serait différente si vous deviez y habiter. Que feriez-vous pour vous y adapter ?

2. À votre avis, est-ce plus important de s'adapter à la langue et la culture de l'endroit où on habite ou de garder sa langue et culture d'origine ? Expliquez. Quels aspects de sa culture d'origine sont les plus importants à conserver ? Risquent-ils aussi d'être une source de malentendus ou conflits ?

3. Ce film a eu un grand succès en France (voir « ‹Vert Acres › ? France Sees the Joy of Being Stuck in the Sticks » *New York Times*. 27 April 2008). À votre avis, quels éléments du film ont contribué à son succès ?

Pensez-vous qu'une version américaine du film aurait autant de succès aux États-Unis ? Pourquoi ou pourquoi pas ?

Pour aller plus loin

Regardez des clips et des entretiens avec les acteurs sur le site officiel du film : http://www.bienvenuechezleschtis-lefilm.com/

Rédaction

Choisissez une des questions suivantes et écrivez un essai. Utilisez vos propres mots et observations.

1. Qu'est-ce que nous apprenons sur les stéréotypes dans ce film ? Sont-ils utiles, basés sur la réalité, etc. ? Expliquez en citant des clichés du Nord et du Sud représentés dans le film.

2. Quand Philippe arrive à Bergues, Antoine lui dit « Dans le Nord, on pleure deux fois. En arrivant. Et en partant ». Expliquez si le dicton est vrai ou faux pour Philippe et pourquoi.

Les Ministères français

Activité

Connectez-vous par Internet sur le site du Premier Ministre.

1. Comment s'appelle le Premier Ministre ?
2. Depuis quand est-ce qu'il ou elle tient ce rôle ?
3. Quelles sont ses fonctions ?
4. Combien de ministères y a-t-il ?
5. Qui est le Ministre de l'Économie, de l'Industrie et de l'Emploi à présent ?
6. Quelles sont ses fonctions ?

Ministère de l'Économie, de l'Industrie et de l'Emploi

Le Ministre : Christine Lagarde (depuis juin 2007)

Coordonnées
Ministère de l'Économie, de l'Industrie et de l'Emploi
139, rue de Bercy - Télédoc 536
75572-PARIS CEDEX 12 - FRANCE
tél.: 01 40 04 04 04
site web: http://www.minefe.gouv.fr/

Le Ministère de l'Économie, de l'Industrie et de l'Emploi emploie plus de 17 000 agents, sans compter les 5 000 agents dans les services communs avec le ministère chargé du Budget.

Selon le site web officiel du gouvernement, la mission du Ministère de l'Économie, de l'Industrie et de l'Emploi est la suivante:

> « Le ministère prépare et met en œuvre les politiques du Gouvernement en matière économique, financière, d'emploi, de formation professionnelle, de consommation et de répression des fraudes, de commerce extérieur, d'industrie, de postes et communications électroniques et de tourisme.
>
> Il a également en charge la politique du Gouvernement concernant les petites et moyennes entreprises, le commerce et l'artisanat ainsi que les professions libérales[4].
>
> Il exerce la tutelle des chambres de métiers et de l'artisanat et des chambres de commerce et d'industrie, ainsi que les attributions relatives à la création d'entreprises et à la simplification des formalités leur incombant. »

Le Ministre de l'Économie, de l'Industrie et de l'Emploi s'occupe spécifiquement de:

- la compétitivité de l'économie française et l'attractivité du territoire
- la défense et la promotion de l'emploi, y compris la politique de retour à l'emploi
- la formation professionnelle des jeunes et des adultes
- les financements, les participations, les affaires monétaires, économiques et financières nationales et, en concertation avec les ministres concernés dans le cadre des procédures prévues à cet effet, internationales
- la prévision économique et financière
- la législation fiscale
- la concurrence, la consommation et la répression des fraudes
- la statistique et les études économiques
- le commerce extérieur
- la réglementation, l'analyse et le contrôle de la commande publique
- les orientations stratégiques industrielles et le suivi des secteurs industriels et des services
- la politique des postes et communications électroniques
- le soutien aux nouvelles technologies, leur promotion et leur diffusion
- le suivi et le soutien des activités touristiques ainsi que la promotion du patrimoine touristique de la France

---

4   une profession libérale: un métier qui s'exerce de façon indépendante ou à son propre compte en acceptant un contrôle limité du gouvernement ou d'une organisation professionnelle. Exemples: médecin, avocat, sage-femme, etc.

- le contrôle économique et financier, conjointement avec le ministre du Budget, des Comptes Publics, de la Fonction Publique et de la réforme de l'État[5].

Questions

Pour les problèmes suivants, indiquez si la situation tombe sous l'autorité du Ministère de l'Économie, de l'Industrie et de l'Emploi (indiquez « oui » ou « non »).

1. Une ville en Bretagne souhaite faire sa promotion touristique.
2. Une entreprise a inventé une nouvelle forme de téléviseur sans fil et souhaite faire connaître son produit.
3. Suite aux inondations, les récoltes de blé sont insuffisantes et les fermiers risquent de faire faillite.
4. La ville de Mexico cherche un jumelage avec une ville française.
5. Une entreprise a besoin des statistiques économiques les plus récentes de l'Aquitaine pour explorer une expansion future.

Les indicateurs clés de l'économie[6]

Quelques indicateurs clés d'une économie, selon le site web du Ministère de l'Économie[7] sont la dette de l'État, le taux de croissance économique et le taux de chômage. Entre 2003 et 2009, le taux de chômage en France a fluctué entre environ 8,5% (2003) et 9,5% (fin 2009) avec le niveau le plus bas de 7,5% en 2008.

Pour aller plus loin

- Regardez l'entretien de Jon Stewart avec Christine Lagarde en anglais (The Daily Show, April 27, 2009, 8m14s) http://www.thedailyshow.com/watch/mon-april-27-2009/christine-lagarde
- Identifiez quelques comparaisons entre les économies française et américaine qui sont soulignées au cours de cet entretien.
- Consultez http://www.gouvernement.fr/toutes-les-videos pour une sélection de vidéos récentes du gouvernement français. Comment le gouvernement français se présente-t-il, à votre avis ?

---

5   Source: http://www.minefe.gouv.fr/ministere_finances/index.php (24 August 2010).

6   Quand on parle de l'économie, on parle souvent de « l'état de la conjoncture ». La conjoncture veut dire la situation, les conditions ou les circonstances économiques, ou en anglais, « the economic climate ».

7   Source: « Chiffres clés. » http://www.minefe.gouv.fr/themes/chiffres/index.htm (2 July 2010).

Visionnement 2 : Ministère de l'Économie, des Finances, et de l'Industrie

L'Auberge espagnole

Cédric Klapisch. France, 2002

scène 1 :   un rendez-vous professionnel

              début du film (2m50s – 5m50s)

Avant de regarder

Au début du film, vous allez voir une vue de Bercy. Où se trouve Bercy et pourquoi est-il important ?

Bercy est à l'est de Paris dans le 12ᵉ arrondissement en bord de Seine. Depuis les années 1980, il y a beaucoup de constructions modernes. C'est le quartier où se situe le Ministère de l'Économie, de l'Industrie, et de l'Emploi. (A l'époque de ce film,

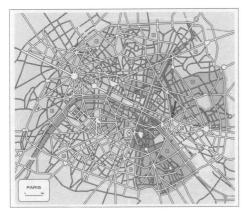

on l'appelait « le Ministère de l'Économie, des Finances, et de l'Industrie. Il a changé de nom en 2008.) Parfois on dit « Bercy » pour désigner le Ministère de l'Économie et non pas seulement le quartier dans lequel il se trouve.

1. Quand vous cherchez du travail, comptez-vous sur les liens de vos parents ou d'autres membres de votre famille ? Pourquoi ou pourquoi pas ?

2. Que pensez-vous de l'idée de faire de la prospection auprès d'une entreprise s'il n'y a pas de postes à pourvoir ? Est-ce une bonne stratégie ? Pourquoi ou pourquoi pas ?

Visionnement

Lisez les questions avant de regarder. Ensuite, regarder toute la scène sans sous-titrage et essayez de répondre aux questions. (Répétez si nécessaire). Discutez les réponses aux questions ensemble. Enfin, regardez la scène une dernière fois avec les sous-titres en anglais pour rassurer la compréhension.

1. Où Xavier a-t-il rendez-vous ?

2. Avec qui ?

3. Où se trouve son bureau ?

4. Combien de personnes voit-il avant de rencontrer M. Perrin ?

5. Comment est-ce que M. Perrin veut que Xavier l'appelle ?

6. Qu'est-ce que M. Perrin montre à Xavier ?

7. Est-ce que M. Perrin tutoie ou vouvoie (utilise tu ou vous avec) Xavier ? Pourquoi ?

8. Que fait le père de Xavier à votre avis ?

9. Qu'est-ce que M. Perrin boit avec Xavier ?

10. Selon M. Perrin, quand y aura-t-il des possibilités d'embauche ?

11. Quelles études conseille-t-il à Xavier ?

12. M. Perrin peut-il aider Xavier à trouver du travail ?

13. Qu'est-ce que Xavier connaît de l'Espagne ?

14. Quelles connaissances sont essentielles pour ce travail ?

15. Alors, que décide Xavier ?

Après avoir regardé

Discussion culturelle
- Que veut dire « se faire pistonner » ? Y a-t-il un équivalent en anglais ? Est-ce une pratique acceptable aux États-Unis ?
- Dans le film, décrivez la poignée de main entre Xavier et M. Perrin. Comment se serre-t-on la main aux États-Unis ?

Informations supplémentaires
- L'ENA (École Nationale d'Administration) est une des plus prestigieuses des grandes écoles en France. On appelle les anciens élèves ou les étudiants actuels de l'ENA « les énarques ». L'ENA a été créée en 1945 et elle sert aujourd'hui à former les hauts fonctionnaires français et internationaux (i.e. les présidents de la République Jacques Chirac et Valéry Giscard d'Estaing étaient énarques).
- un DEA (Diplôme d'Études Approfondies, 3ᵉ cycle, une année après la maîtrise). Depuis 2004 ce diplôme est remplacé par le master.
- Dans sa rencontre avec Jean-Charles Perrin, Xavier fait ce qu'on appelle en France « du Networking » et au Canada « du réseautage »[8]. Vous allez en apprendre davantage dans le chapitre 3, « À la recherche d'un emploi ».

---

8   faire du réseautage = networking.

Le Monde francophone

Bien sûr, la France n'est pas le seul pays où on parle français. Combien de pays ou régions francophones pouvez-vous nommer ? Faites une liste. Maintenant, avec un camarade de classe, essayez d'identifier au moins vingt régions ou pays francophones sur la carte.

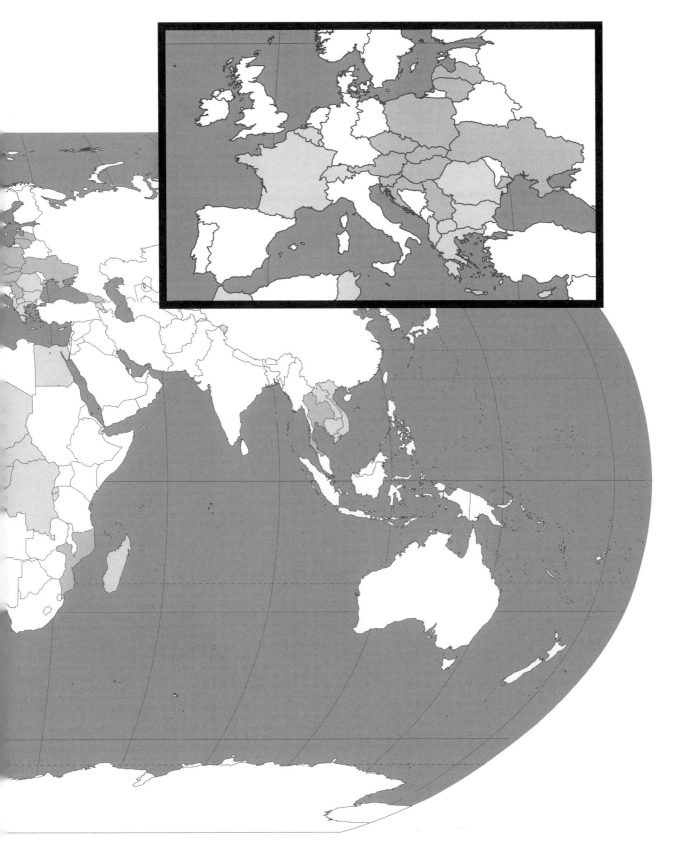

La Francophonie

Le terme « francophonie » date du 19e siècle pour indiquer les pays dans lesquels on parle français, mais l'organisation de la Francophonie existe seulement depuis 1970. Suite à l'indépendance des anciennes colonies françaises, plusieurs pays ont décidé de garder la langue française comme langue nationale. Cela facilite la communication ainsi que la collaboration économique entre les pays parce que certains pays ont plusieurs langues officielles. Au Cameroun, par exemple, il y a environ 200 langues parlées et il n'y a pas de langue régionale dominante ou commune.

L'Organisation Internationale de la Francophonie se définit aujourd'hui sur son site web (http:// www.francophonie.org) de la manière suivante : « Forte d'une

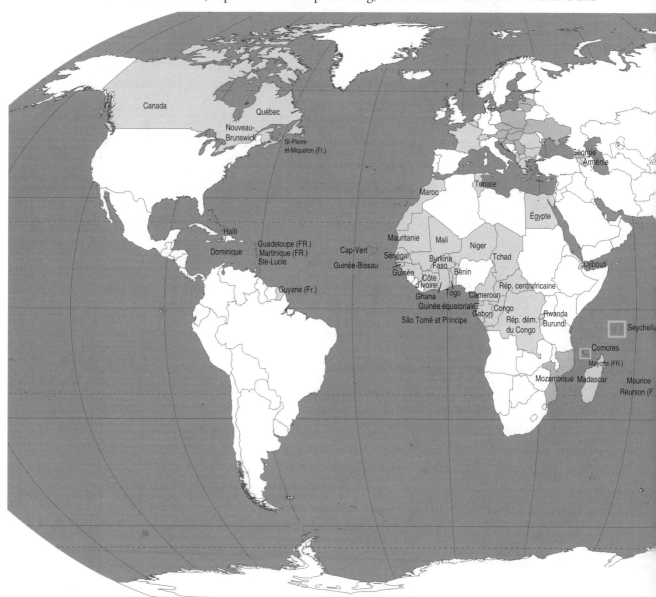

population de plus de 803 millions et de 200 millions de locuteurs de français de par le monde, l'Organisation internationale de la Francophonie (OIF) a pour mission de donner corps à une solidarité active entre les 70 États et gouvernements qui la composent (56 membres et 14 observateurs) - soit plus du tiers des États membres des Nations unies ».

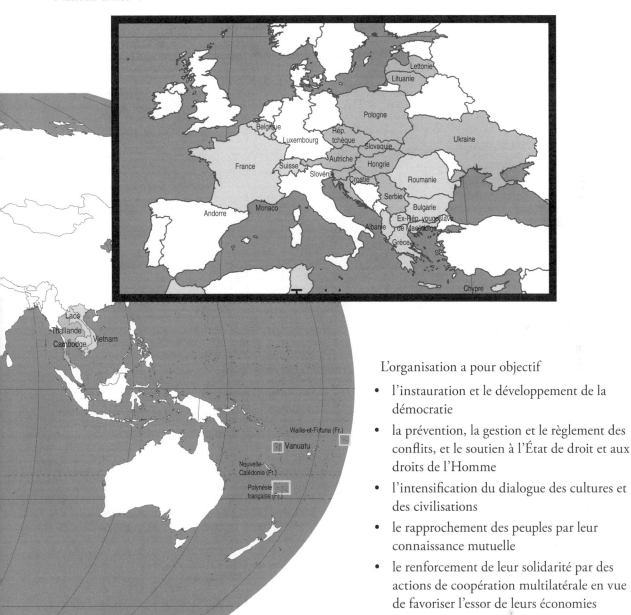

L'organisation a pour objectif

- l'instauration et le développement de la démocratie
- la prévention, la gestion et le règlement des conflits, et le soutien à l'État de droit et aux droits de l'Homme
- l'intensification du dialogue des cultures et des civilisations
- le rapprochement des peuples par leur connaissance mutuelle
- le renforcement de leur solidarité par des actions de coopération multilatérale en vue de favoriser l'essor de leurs économies
- la promotion de l'éducation et de la formation

Liste de pays francophones[9]

Membres : L'Organisation internationale de la Francophonie regroupe 55 États et gouvernements membres et 13 observateurs.

Albanie	Croatie **	Maurice
Andorre	Djibouti	Mauritanie
Arménie **	Dominique	Moldavie
Autriche **	Egypte	Monaco
Belgique	Ex-République yougoslave de Macédoine	Mozambique **
Bénin		Niger
Bulgarie	France	Pologne **
Burkina Faso	Gabon	République Tchèque **
Burundi	Géorgie **	Roumanie
Cambodge	Ghana *	Rwanda
Cameroun	Grèce	Sainte-Lucie
Canada	Guinée	Sao Tomé et Principe
Canada Nouveau-Brunswick	Guinée Bissau	Sénégal
Canada Québec	Guinée équatoriale	Serbie **
Cap-Vert	Haïti	Seychelles
Centrafrique	Hongrie **	Slovaquie **
Chypre *	Laos	Slovénie **
Communauté française de Belgique	Liban	Suisse
	Lituanie **	Tchad
Comores	Luxembourg	Togo
Congo	Madagascar	Tunisie
Congo RD	Mali	Ukraine **
Côte d'Ivoire	Maroc	Vanuatu
		Vietnam

* Membres associés.   ** Observateurs.

Statut du français dans les 55 États et gouvernements membres de l'OIF

« La cohésion et l'originalité de la communauté francophone reposent sur le partage d'une langue commune : le français. Respectueuse de la diversité culturelle et linguistique, l'OIF favorise également le plurilinguisme au sein de l'espace francophone par le soutien aux langues partenaires parallèlement à la promotion du

9   Source: www.francophonie.org

français. Le français a statut de langue officielle, seul ou avec d'autres langues, dans 32 États et gouvernements membres ». (www.francophonie.org)

Langue officielle (seule ou avec d'autres langues)	Langue en partage
Belgique	Albanie
Bénin	Andorre
Burkina Faso	Bulgarie
Burundi	Cambodge
Cameroun	Cap-Vert
Canada	Chypre
Canada Nouveau-Brunswick	Dominique
Canada Québec	Egypte
Centrafrique	Ex-République yougoslave de Macédoine
Communauté française de Belgique	
Comores	Ghana
Congo	Grèce
Congo RD	Guinée Bissau
Côte d'Ivoire	Laos
Djibouti	Liban
France	Maroc
Gabon	Maurice
Guinée	Mauritanie
Guinée équatoriale	Moldavie
Haïti	Roumanie
Luxembourg	Sainte-Lucie
Madagascar	Sao Tomé et Principe
Mali	Tunisie
Monaco	Vietnam
Niger	
Rwanda	
Sénégal	
Seychelles	
Suisse	
Tchad	
Togo	
Vanuatu	

L'Union Européenne

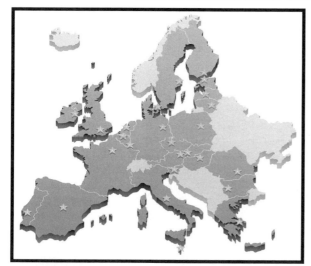

L'Union Européenne compte 27 états qui sont en association par traité. Les membres sont l'Allemagne, l'Autriche, la Belgique, la Bulgarie, Chypre, le Danemark, l'Espagne, l'Estonie, la Finlande, la France, la Grèce, la Hongrie, l'Irlande, l'Italie, la Lettonie, la Lituanie, le Luxembourg, Malte, les Pays-Bas, la Pologne, le Portugal, la République tchèque, la Roumanie, le Royaume-Uni, la Slovaquie, la Slovénie et la Suède. De ces pays, la Belgique, la France et le Luxembourg utilisent le français comme langue officielle et la Bulgarie et la Roumanie sont membres de l'Organisation Internationale de la Francophonie, le français y joue donc un rôle important. Le siège de la commission de l'Union Européenne est à Bruxelles en Belgique et le siège du parlement est à Strasbourg en France.

La zone euro regroupe seize pays de l'Union Européenne qui ont adopté l'euro (€) comme monnaie unique. Ces pays qui incluent l'Allemagne, l'Autriche, la Belgique, l'Espagne, la Finlande, la France, l'Irlande, l'Italie, le Luxembourg, le Pays-Bas, le Portugal, la Grèce, la Slovénie, Chypre, Malte, la Slovaquie, et l'Estonie. Il y a près de 322 millions d'habitants dans la zone euro.

Fiche d'identité pour l'Union Européenne

1. Quel est le nom du pays/région ?

    L'Union Européenne

2. Où se trouve t-il ?

    en Europe

3. Quelle est la population ?

    500 520 813 habitants (2010)

4. Quelle est la capitale ?

    le parlement (3 sièges) : Bruxelles (Belgique), Grand-Duché (Luxembourg) et Strasbourg (France).

    le conseil européen: Bruxelles, Belgique

5. Quelle est la superficie ?

    4 376 780 km²

6. Quelles sont les langues officielles ?

Il y en a 23, mais l'anglais est la langue la plus parlée avec 47% de la population de l'Union Européenne qui peut le parler. L'allemand est la langue maternelle la plus parlée (24%) tandis que l'anglais est la langue maternelle de 16% de la population. Les langues de travail de l'Union Européenne sont le français, l'anglais et l'allemand.

6. Quel est le statut du français ?

une des langues officielles, parlée par 28 % de la population

7. Quand est la fête nationale ?

Journée de l'Europe : le 9 mai

d'autres dates importantes : la création par le Traité de Rome le 25 mars 1957 et le Traité de Maastricht le 7 février 1992

8. Quel est le PIB (Produit Intérieur Brut)[10] ?

en 2008 : 18 394 milliards $ ou 21 125 € par habitant

9. Comment s'appelle sa monnaie ?

l'Euro € (depuis 1992, pour les pays dans la zone euro)

10. d'autres détails intéressants ?

taux de natalité : 10 naissances/1 000 habitants (est. 2006)

taux de mortalité : 10,1 décès/1 000 habitants (est. 2006)

espérance de vie : (est. 2006)

population totale : 78,3 ans

homme : 75,1 ans

femme: 81,6 ans

taux de fécondité: 1,47 enfants par femme (est. 2006)

---

10   Gross Domestic Product

Activité

Faites de la recherche et remplissez une fiche d'identité pour votre pays d'origine. Ensuite, comparez votre pays à l'Union Européenne. Avec un partenaire, identifiez des forces et faiblesses de chaque économie.

Le Canada et le Québec

Avec une population d'environ 33 millions dont 23% parle français comme langue maternelle, le Canada est une partie importante de la Francophonie. Au Québec, le français est la langue principale. Que savez-vous du Canada et du Québec ?

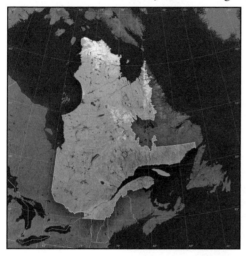

Avant de lire

1. Combien de provinces y a-t-il au Canada ?
2. Où se trouve le Québec ?
3. Quelle est la population du Québec ?
4. Combien d'habitants parlent français comme langue maternelle ?
5. Quelle est la capitale de la province ?
6. Dans quelles autres provinces parle-t-on français ?

Quelques faits

- L'explorateur français Jacques Cartier a découvert le Québec en 1534.
- Samuel de Champlain a fondé la colonie « Nouvelle-France » en 1608.
- Selon le recensement de 2001, 9,2 millions de Canadiens (31% du pays entier), peuvent converser en français.
- 6,8 millions de Canadiens parlent français comme langue maternelle.
- Les Francophones représentent 23% de la population canadienne.
- 26% de la population active parle français au travail.
- 81% de la population québécoise est francophone.
- 30% de la population du Nouveau Brunswick parle français comme langue maternelle.
- Le bilinguisme donne accès aux postes gouvernementaux au Canada.
- Le Canada est le plus grand partenaire économique des États-Unis. Les États-Unis et le Canada échangent environ 1,5 milliards de dollars de biens et environ 300 000 personnes traversent la frontière entre les deux pays tous les jours.

Le Canada est le deuxième pays au monde par sa superficie. Il y a environ 7,8 millions d'habitants au Québec, et c'est donc la deuxième province canadienne du point de vue de sa population et sa superficie. Avec sa capitale à Québec et sa plus grande ville à Montréal, le Québec est composé de 17 régions administratives.

Économie[11]

Depuis quelques années le Québec est compétitif sur le plan économique. Le Québec est la plus grande province du Canada (en superficie) avec un produit intérieur brut de 305 milliards de dollars canadiens (le deuxième PIB au Canada). 70% du PIB proviennent du secteur des services. L'économie de cette province peut se comparer à celle du Portugal. Le PIB par personne surpasse celui de l'Espagne, l'Italie et la Grèce.

Les forces de l'économie du Québec sont la science et la technologie, l'importation et l'exportation, le tourisme, le transport, et les ressources naturelles.

Fiche d'identité

Nom du Pays	Canada
Capitale	Québec
Superficie	1 540 681 km²
Population	7 509 928 (2004) habitants
Région du Monde	Amérique-Caraïbes
Langue officielle	français
Statut du Français	langue officielle
Fête Nationale	24 juin
Devise[12]	Je me souviens
Monnaie	Dollar canadien
RNB[13]	24 470 (Canada 2003)
PIB[14]	30 040 (Canada 2003)
Date d'adhésion à la Francophonie	octobre 1971
Statut	Gouvernement participant

Site web officiel du pays: http://www.gouv.qc.ca/portail/quebec/pgs?lang=fr

---

11 Source: « Économie. » http://www.gouv.qc.ca/portail/quebec/pgs/commun/portrait/economie/?lang=fr (2 July 2010).

12 devise = ici, cela veut dire « motto », mais le mot « devise » peut aussi indiquer la monnaie (currency)

13 RNB = Revenu National Brut, Gross National Product

14 PIB = Produit Intérieur Brut, Gross Domestic Product

La Suisse

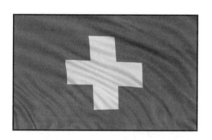

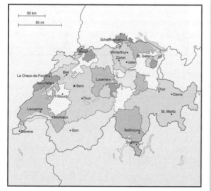

Fiche d'identité

Nom du Pays	Confédération suisse
Capitale	Berne
Superficie	41 290 km²
Population	7 300 000 (2005)
Région du Monde	Europe
Langues officielles	allemand, français, italien
Statut du Français	langue officielle
Fête Nationale	1er août
Monnaie	Franc suisse (CHF)
RNB	40 680 (2003)
PIB	32 220 (2003)
Date d'adhésion à la Francophonie	février 1996
Statut	État membre
Site web officiel du pays	http://www.admin.ch/
Autre(s) site(s) web	http://www.parliament.ch/

Le Sénégal

Fiche d'identité

Nom du Pays	Sénégal
Capitale	Dakar
Superficie	196 723 km²
Population	14 086 103
Région du Monde	Afrique de l'Ouest
Langues officielles	français
Statut du Français	langue officielle
Fête Nationale	Indépendance de la France, le 4 avril 1960
Monnaie	Franc CFA[16]
PIB	23,16 milliards de dollars (2009)
Taux de chômage	48% (2007)

---

15   Communauté Financière Africaine

Activité

1. Faites de la recherche pour identifier les données suivantes pour le Sénégal :

    RNB

    Date d'adhésion à la Francophonie

    Statut du Français

    Sites web officiels

2. Cherchez les informations suivantes pour la Suisse et le Sénégal :

    la Suisse

    Espérance de vie:

    Taux d'alphabétisation:

    Niveau d'éducation :

    Population active :

    Principal secteur d'activité :

    le Sénégal

    Espérance de vie:

    Taux d'alphabétisation:

    Niveau d'éducation :

    Population active :

    Principal secteur d'activité :

3. Avec un partenaire, analysez les informations pour la Suisse et le Sénégal et faites une comparaison des deux pays.

Activité : Fiche d'identité d'un pays francophone

Choisissez deux des pays suivants et faites de la recherche pour remplir une fiche d'identité. Ensuite, trouvez quelqu'un dans la classe qui a des informations pour les autres pays et échangez vos réponses.

> Note : Cherchez la valeur de la monnaie en Euros ou dollars (USD) sur l'Internet.

1. Haïti   2. Maroc   3. Cambodge   4. Belgique

Fiche d'identité

Quel est le nom du pays ?

Où se trouve t-il ?

Quelle est la population ?

Quelle est la capitale ?

Quelle est la superficie ?

Quelles sont les langues officielles ?

Quel est le statut du français ?

Quand est la fête nationale ?

Quel est le PIB (Produit Intérieur Brut) ?

Quelle est sa monnaie ?

Y a-t-il d'autres détails intéressants ?

Fiche d'identité

Quel est le nom du pays ?

Où se trouve t-il ?

Quelle est la population ?

Quelle est la capitale ?

Quelle est la superficie ?

Quelles sont les langues officielles ?

Quel est le statut du français ?

Quand est la fête nationale ?

Quel est le PIB (Produit Intérieur Brut) ?

Quelle est sa monnaie ?

Y a-t-il d'autres détails intéressants ?

Fiche d'identité

Quel est le nom du pays ?

Où se trouve t-il ?

Quelle est la population ?

Quelle est la capitale ?

Quelle est la superficie ?

Quelles sont les langues officielles ?

Quel est le statut du français ?

Quand est la fête nationale ?

Quel est le PIB (Produit Intérieur Brut) ?

Quelle est sa monnaie ?

Y a-t-il d'autres détails intéressants ?

Fiche d'identité

Quel est le nom du pays ?

Où se trouve t-il ?

Quelle est la population ?

Quelle est la capitale ?

Quelle est la superficie ?

Quelles sont les langues officielles ?

Quel est le statut du français ?

Quand est la fête nationale ?

Quel est le PIB (Produit Intérieur Brut) ?

Quelle est sa monnaie ?

Y a-t-il d'autres détails intéressants ?

Activité orale 2 : Présenter un pays ou une région francophone

Choisissez un pays ou une région francophone qui vous intéresse et faites de la recherche en ligne pour remplir une fiche d'identité. Ensuite, écrivez une présentation de cette région francophone avec les informations économiques et administratives pour vos camarades de classe (200-300 mots). Expliquez aussi le rôle du français dans cette région. Pendant votre présentation, vos camarades de classe rempliront une fiche d'identité pour le pays que vous présentez. Suivez les modèles et citez vos sources.

Fiche d'identité (pour un pays ou une région)

Nom du pays ou région:

Capitale:

Superficie :

Population:

Région du monde :

Langue(s) officielle(s) :

Statut du français :

Fête nationale :

Monnaie :

d'autres informations

    Espérance de vie:

    Taux d'alphabétisation:

    Niveau d'éducation :

    Population active :

    Principal secteur d'activité :

Chapitre 2

L'Économie et les entreprises

Pour bien cerner le secteur d'activité dans lequel vous voulez travailler et pour identifier le type d'entreprise que vous préférez, il faut tout d'abord comprendre les éléments de base de l'économie et de la structure des entreprises dans le monde francophone.

Une économie se définit par les décisions d'une société de ce qui va être produit, comment on va le produire et qui va le produire, et quelles ressources sont disponibles. Autrement dit, c'est l'ensemble des activités d'une société relatives à la production, la distribution et la consommation des biens ou des services.

Vocabulaire pour l'économie et les entreprises

l'économie | **economy**

le chômage — unemployment
consommer — to consume
le consommateur — consumer
la consommation — consumption
la croissance — growth
le déficit — deficit
l'économie, *f.* — economy
les impôts, *m.pl* — taxes
l'inflation, *f.* — inflation
le luxe — luxury
la nécessité — necessity, need
prélever — to debit, deduct
le Produit Intérieur Brut (PIB) — gross domestic product
la récession — recession
réduire — to reduce
les ressources, *f. pl* — resources
le Revenu National Brut (RNB) — Gross National Product
le salaire minimum — minimum wage
satisfaire — to satisfy, fulfill, meet
le taux — rate
la technologie — technology
le transport — transportation
l'usage *m.* — use

les entreprises | **businesses**

une action — share, stock
un actionnaire — shareholder
un associé — partner
baser (sur) — to base (on)
les biens, *m.pl* — goods
le bilan — balance sheet
le bénéfice — profit
le capital social — registered capital, joint stock
le chiffre d'affaires (CA) — turnover, sales
la compétition — competition
la concurrence — competition
consacrer — to devote, sanction
le conseil d'administration — board of directors
le créancier — creditor
distribuer — to distribute
la distribution — distribution

l'effectif, *m.*	staff, workforce
être côté en Bourse	publicly traded, quoted on the stock exchange
la fabrication	manufacture
la faillite	bankruptcy
une filiale	subsidiary, branch
une fusion	merger
un gérant	manager
gérer	to manage, run, supervise
le matériel	equipment
obliger	to oblige
obtenir	to obtain
une offre publique d'achat (OPA)	takeover bid
une part sociale	joint share
le PDG (président directeur général)	CEO, chief executive officer
la production	production
produire	to produce
représenter	to represent
le résultat	result, outcome, payoff
un salarié	employee
les services, *m.pl*	services
le siège social	headquarters
une société anonyme ⟨corporation⟩	corporation
une société collective ⟨partnership⟩	partnership
la stabilité	stability
une succursale	branch, outlet

les sigles

EDF : Électricité de France
INSEE : Institut National de la Statistique et des Études Économiques
PME : Petites et Moyennes Entreprises
SA : Société Anonyme
SARL : Société à Responsabilité Limitée
SAS : Société par Actions Simplifiées
TPE : Très Petite Entreprise

Les Secteurs économiques

L'économie se compose de trois secteurs.

- **Le secteur primaire** s'occupe de la collecte et de l'exploitation directe de ressources naturelles (matériaux, énergie, et certains aliments). Exemples : agriculture, pêche, exploitation forestière et minière

- **Le secteur secondaire** concerne les industries de transformation (agissant sur une matière). Exemples : industrie manufacturière, artisanat, bâtiment, construction, électricité-gaz-eau

- **Le secteur tertiaire** regroupe les industries du service (essentiellement immatériel). Exemples : assurances, banques, poste et télécommunications, distribution, formation, études et recherche, administration, tourisme, transports, sécurité, nettoyage, etc.). Plus de 75% de la population française travaille dans le secteur tertiaire.

Activité

- Identifiez trois exemples des entreprises ou des industries spécifiques dans votre pays pour chaque secteur.
- Faites de la recherche pour identifier trois exemples français pour chaque secteur.
- Selon la définition de chaque secteur, dans lequel préféreriez-vous travailler et pourquoi ?

Les Secteurs d'activité

Selon l'INSEE (L'Institut national de la statistique et des études économiques), un secteur d'activité « regroupe des entreprises de fabrication, de commerce ou de service qui ont la même activité principale (selon la nomenclature d'activité économique considérée) ». Quelques exemples de secteurs sont

- Administration, Économie, Finance
- Agriculture, Pêche, Alimentation
- Architecture, Aménagement du paysage
- Commerce, Vente, etc.
- Culture, Langue, Communication
- Droit

- Éducation, Formation, Enseignement
- Immobilier
- Industrie
- Informatique
- Ingénierie
- Logistique, Transport

- Marketing, Communication, Presse
- Recherche et Intervention Sociales
- Ressources humaines
- Sciences de la santé
- Sciences pures et appliquées
- Recherche
- Santé, Environnement
- Tourisme, Restauration

Activité

Classifiez chaque poste selon le secteur économique et le secteur d'activité selon les critères ci-dessus.

	secteur économique	secteur d'activité
1. agent immobilier		
2. médecin		
3. avocat		
4. artiste		
5. pêcheur		
6. camionneur		
7. instituteur		
8. informaticien		
9. agent d'assurance		
10. représentant commercial		
11. responsable de relations publiques		
12. ébéniste		
13. fermier		
14. journaliste		
15. militaire de carrière		
16. interprète		
17. mécanicien		
18. ingénieur électronique		
19. biologiste marin		
20. caissier		

Les Indicateurs de l'économie et chiffres clés de la France

Chiffres clés de la France de l'INSEE

Population totale de la France : 64 120 200 en 2009

Produit Intérieur Brut (PIB)

Le PIB est la somme des valeurs ajoutées de toutes les entreprises situées sur le territoire national (pour la France, par exemple, le PIB inclut les entreprises françaises et étrangères). En 2008, le PIB de la France était de 2 130 milliards USD.

Evolution du PIB en France (par rapport à l'année précédente en %)[1]

	en valeur	en volume
1960	11,0	8,1
1970	11,9	6,1
1980	13,1	1,7
1990	5,4	2,6
2000	5,4	3,9
2005	4,0	1,9
2006	4,7	2,2
2007	4,9	2,4
2008	2,8	0,2
2009	-2,1	-2,6

Questions

1. Selon le tableau, quand la France a-t-elle connu la plus grande croissance du PIB en valeur ? Et en volume ?
2. Qu'est-ce qui est arrivé au PIB en 2009 ?
3. Consultez le site de l'INSEE pour trouver les chiffres les plus récents.

---

1 Source: INSEE « Evolution du PIB en France. » http://www.insee.fr/fr/themes/tableau.asp?reg_id=0&ref_id=NATTEF08112 (30 June 2010).

Taux de croissance du PIB en volume dans quelques pays du monde[2]

	2006	2007	2008
Belgique	3,0	2,8	1,1
France	2,2	2,3	0,4
Luxembourg	6,4	5,2	-0,9
Royaume-Uni	2,9	2,6	0,7
Union européenne à 15 pays	2,9	2,6	0,6
Union européenne à 27 pays	3,2	2,8	0,9
Suisse	3,6	3,6	1,6
États-Unis	2,7	2,1	0,4
Canada	3,1	2,7	0,4

	2006	2007	2008	2009	2010
Algérie	2,0	3,0	2,4	2,17	3,9
Côte d'Ivoire	0,7	1,6	2,3	3,6	3,9
Mali	5,3	4,3	5,0	4,4	4,6
Maroc	7,8	2,7	5,6	5,0	4,3
Sénégal	2,3	4,7	2,5	1,5	3,4

Questions

Regardez le premier tableau pour répondre aux questions 1 à 4.

1. En 2006, quel pays a le taux de croissance du PIB le plus faible? Et quel pays connaît le taux de croissance le plus élevé ?

2. En 2008, quel est le taux de croissance du PIB pour la France ? Et pour les Etats-Unis ?

3. En 2008, quel pays a le taux de croissance du PIB le plus élevé ?

4. Que révèlent ces chiffres sur l'évolution économique en général entre 2006 et 2008 ?

---

2   Sources: INSEE « Taux de croissance du PIB en volume dans quelques pays du monde. » http://www.insee.fr/fr/themes/tableau.asp?reg_id=98&ref_id=CMPTEF08118 (30 June 2010), « Table 2: Taux de croissance du PIB en volume, 2001-2011 » http://stats.oecd.org/ (25 August 2010) and « Croissance du PIB (variation annuelle en %) » http://donnees.banquemondiale.org/ (25 August 2010).

Regardez le deuxième tableau pour répondre aux questions 5 à 7.

5. Quel pays africain a le taux de croissance du PIB le plus fort en 2006? Et en 2010 ?

6. En 2008, quel pays a le taux de croissance du PIB le plus faible ?

7. Que révèlent ces chiffres sur l'évolution économique en Afrique entre 2006 et 2010 ?

Activité 1

Faites une comparaison de ce qui se passe en Europe et en Afrique de 2006 à 2008. Quelle région démontre plus de stabilité économique ? Quelle région montre la croissance la plus forte du PIB en général ? Ensuite, comparez le taux de croissance dans les pays nord-américains à celui des pays européens et africains de 2006 à 2008.

Activité 2

Faites de la recherche supplémentaire pour trouver le taux de croissance du PIB pour trois des pays du premier tableau entre 2009 et 2010. Comparez ces données à ce qui se passe dans les pays africains pendant la même période.

Activité 3

Vous et votre partenaire cherchez un nouveau lieu d'implantation en France pour une entreprise qui vend des produits de luxe et qui a son siège social à New York, aux États-Unis. Pour décider quelle région en France vous conviendra le mieux, vous devez analysez le PIB par région et par habitant. Vous avez trouvé certaines données pour 2008 sur le site de l'INSEE et votre partenaire en a trouvé d'autres. Vous avez, tous les deux, le PIB par emploi pour chaque région sur vos tableaux. Échangez vos informations pour compléter le tableau. Ensuite, répondez aux questions suivantes :

1. Selon le tableau, quelle région de France a le plus grand PIB en 2008 ?

2. Quelle région a le deuxième plus grand PIB? Quelle est la plus grande ville dans cette région ?

3. Que veut dire « France de province » ? Quelle est la différence entre le PIB par habitant de France de province et France métropolitaine ?

4. Quel est le PIB par habitant dans les DOM ? Comment expliquez-vous la différence entre le PIB par habitant dans les DOM et celui de France métropolitaine ?

5. Identifiez les trois régions avec la plus grande croissance du PIB. Analysez les chiffres et essayez d'expliquer pourquoi.

Avec votre partenaire, consultez le tableau et le site http://www.invest-in-france.org/ pour déterminer la région française idéale pour l'implantation de cette entreprise.

Étudiant A : Produit intérieur brut des régions (PIB) à prix courants[3]

	Année 2008		
	PIB en millions d'euros	PIB par habitant en euros	PIB par emploi en euros
Alsace	52 444		71 203
Aquitaine			71 016
	34 393	25 630	65 027
		26 427	66 245
Bretagne	83 604		66 491
Centre			67 764
Champagne-Ardenne	37 115	27 835	70 514
Corse	7 341	24 232	66 780
	29 030	25 010	64 196
	552 664	47 155	98 706
Languedoc-Roussillon	61 906	23 726	69 091
		24 794	62 907
	57 513		68 434
Midi-Pyrénées	77 908	27 384	69 153
Nord-Pas-de-Calais		24 866	68 572
Basse-Normandie			63 134
Haute-Normandie	50 858		70 525
Pays de la Loire	96 960	27 533	66 571
Picardie		23 890	67 805
Poitou-Charentes	44 135		65 772
PACA		28 949	75 568
Rhône-Alpes	187 990	30 601	74 402
France de province	**1 361 696**	**26 941**	**69 450**
France métropolitaine			**75 948**
Guadeloupe, Guyane, Martinique et Réunion	n.d.	n.d.	n.d.
DOM	**33 661**	**17 888**	**60 362**
Hors territoire	2 064		
France entière		**30 401**	**75 691**

---

3 Source: INSEE « Produit intérieur brut des régions (PIB) à prix courants. » http://www.insee.fr/fr/themes/tableau.asp?reg_id=99&ref_id=CMRSOS08114 (30 June 2010).

Étudiant B : Produit intérieur brut des régions (PIB) à prix courants[4]

	Année 2008		
	PIB en millions d'euros	PIB par habitant en euros	PIB par emploi en euros
		28 470	71 203
Aquitaine	87 673	27 562	71 016
Auvergne		25 630	65 027
Bourgogne	43 124	26 427	66 245
	83 604	26 547	66 491
Centre	67 483	26 541	67 764
	37 115		70 514
Corse			66 780
Franche-Comté	29 030	25 010	64 196
Ile-de-France		47 155	98 706
Languedoc-Roussillon			69 091
Limousin	18 238	24 794	62 907
Lorraine	57 513	24 606	68 434
		27 384	69 153
	100 085		68 572
Basse-Normandie	36 343	24 813	63 134
Haute-Normandie		27 990	70 525
	96 960	27 533	66 571
Picardie	45 443		67 805
Poitou-Charentes		25 259	65 772
Provence-Alpes-Côte d'Azur	142 110		75 568
		30 601	74 402
France de province			**69 450**
France métropolitaine	**1 914 360**	**30 746**	**75 948**
Guadeloupe, Guyane, Martinique et Réunion	n.d.	n.d.	n.d.
DOM		**17 888**	**60 362**
Hors territoire			
France entière	1 950 085		75 691

4   Source: INSEE « Produit intérieur brut des régions (PIB) à prix courants. » http://www.insee.fr/fr/themes/tableau.asp?reg_id=99&ref_id=CMRSOS08114 (30 June 2010).

Population active

La Comptabilité nationale française définit la population active comme comprenant « toutes les personnes des deux sexes au-dessus d'un âge déterminé qui fournissent, durant une période de référence spécifiée, la main-d'œuvre nécessaire aux activités de production (telles que retenues dans la définition de la production du système de comptabilité nationale, SCN). Elle comprend toutes les personnes qui remplissent les conditions pour être considérées comme personnes pourvues d'un emploi (salariés ou non salariés) ou comme chômeurs »[5]. Pour l'INSEE, on inclut les personnes à partir de 15 ans[6].

Population active et taux d'activité selon le sexe et l'âge[7]

	Hommes	Femmes	Ensemble
Taux d'activité (en %)			
15 ans ou plus	61,8	51,1	56,2
15-64 ans	74,6	65,5	70,0
15-24 ans	39,0	31,9	35,5
25-49 ans	95,1	83,7	89,3
50-64 ans	61,9	54,9	58,3
dont : 55-64 ans	*46,0*	*40,9*	*43,4*
65 ans ou plus	2,4	1,1	1,7
Population active (en milliers)			
15 ans ou plus	14 688	13 296	27 984
15-64 ans	14 588	13 229	27 817
15-24 ans	1 477	1 190	2 666
25-49 ans	9 592	8 715	18 308
50-64 ans	3 519	3 324	6 843
dont : 55-64 ans	*1 701*	*1 601*	*3 303*
65 ans ou plus	100	67	166

Questions

1. Quel est le pourcentage des femmes qui fait partie de la population active ?

---

5   Source: INSEE « Population active (comptabilité nationale) » http://www.insee.fr/fr/methodes/default.asp?page=definitions/population-active-cn.htm (26 August 2010).

6   La scolarisation est obligatoire en France jusqu'à 16 ans.

7   Source: INSEE « Population active et taux d'activité selon le sexe et l'âge. » http://insee.fr/fr/themes/tableau.asp?reg_id=0&ref_id=NATCCF03170 (2 July 2010).

2. Quel est le pourcentage de la population active (totale) entre 50 et 64 ans ?

3. Quel est le pourcentage des hommes qui ont entre 15 et 24 ans ?

4. Qu'est-ce que ces chiffres révèlent de l'économie et la société française ?

Salaire Minimum Interprofessionnel de Croissance (SMIC)[8]

Le Salaire Minimum Interprofessionnel de Croissance est établi par le gouvernement français. Étudiez les tableaux suivants et répondez aux questions.

Année	Smic horaire brut en euros	Smic mensuel brut en euros pour 151,67h de travail	Smic mensuel brut en euros pour 169h de travail	Date de parution au JO
2010	8,86	1 343,77	//	17/12/2009
2009	8,82	1 337,70	//	26/06/2009
2008	8,71	1 321,02	//	28/06/2008
2008	8,63	1 308,88	//	29/04/2008
2007	8,44	1 280,07	//	29/06/2007
2006	8,27	1 254,28	//	30/06/2006
2005	8,03	1 217,88	1 357,07	30/06/2005
2004	7,61	//	1 286,09	02/07/2004
2003	7,19	//	1 215,11	28/06/2003
2002	6,83	//	1 154,27	28/06/2002
2001	6,67	//	1 127,23	29/06/2001

Questions

1. Quel est le salaire minimum dans votre pays à présent ? Comparez-le avec le Smic en France.

2. De combien d'Euros est-ce que le Smic horaire a augmenté entre 2001 et 2010 ?

3. Selon le tableau, qu'est-ce qui a changé en 2005 ? Savez-vous pourquoi le Smic mensuel est reporté différemment après 2005 ? Analysez les catégories pour déterminer la réponse.

4. Existe-t-il un Smic mensuel dans votre pays ? À votre avis, pour quelles raisons le Smic mensuel existe-t-il en France ?

---

8   Source: INSEE « Le Salaire Minimum Interprofessionnel de Croissance (SMIC). » http://www.insee.fr/fr/themes/tableau.asp?ref_id=natnon04145&reg_id=0 (1 July 2010).

Chômage

Selon l'INSEE et le Bureau international du travail (BIT), un chômeur est une personne en âge de travailler (15 ans ou plus) qui est sans emploi (qui n'a même pas travaillé pendant une heure durant une semaine de référence), qui est disponible pour prendre un emploi dans les 15 jours, et qui a cherché activement un emploi dans le mois précédent ou qui en a trouvé un qui commence dans moins de trois mois.

Le Nombre de chômeurs et taux de chômage selon le sexe et l'âge en 2008[9]

	Hommes	Femmes	Ensemble
Taux de chômage (en %)			
15 ans ou plus	6,9	7,9	7,4
15-64 ans	6,9	7,9	7,4
15-24 ans	19,1	19,0	19,0
25-49 ans	5,8	7,5	6,6
50-64 ans	4,9	5,0	5,0
65 ans ou plus	5,1	4,5	4,9
Nombre de chômeurs (en milliers)			
15 ans ou plus	1 018	1 053	2 070
15-64 ans	1 013	1 050	2 062
15-24 ans	282	226	507
25-49 ans	557	657	1 214
50-64 ans	174	167	341
65 ans ou plus	5	3	8

Questions

1. Y a-t-il, a votre avis, une grande différence entre le taux de chômage pour les hommes et les femmes ? Expliquez.

2. À quels âges est-ce qu'il y a le plus grand pourcentage de chômeurs ? Pourquoi, est-ce que ce groupe est le plus affecté, à votre avis ?

3. À quels âges est-ce qu'il y a le plus petit nombre de chômeurs ? Pourquoi y a-t-il moins de personnes sans emploi dans cette catégorie, à votre avis ?

---

9   Source: INSEE « Le Nombre de chômeurs et taux de chômage selon le sexe et l'âge en 2008. » http://www.insee.fr/fr/themes/tableau.asp?reg_id=0&ref_id=NATCCF03338   (30 June 2010).

Revenu annuel moyen et Revenu moyen d'insertion

Composition du revenu annuel moyen selon le type de ménage[10]

en 2007

Champ : ménages vivant en France métropolitaine dont la personne de référence a moins de 65 ans, hors étudiants, et dont le revenu déclaré est positif ou nul.

Source : Insee-DGFiP-Cnaf-Cnav-CCMSA, enquête Revenus fiscaux et sociaux 2007.

Type de ménage	en % du revenu avant impôt					revenu avant impôt (en euros)
	revenu d'activité	pensions	revenu du patrimoine	prestations familiales et logement	minima sociaux	
Personnes seules	**76,7**	**9,7**	**8,5**	**2,6**	**2,0**	**22 130**
Hommes vivant seuls inactifs	29,7	45,1	12,8	5,0	7,2	17 300
Hommes vivant seuls actifs	90,3	-1,7	7,5	2,0	1,2	23 590
Femmes vivant seules inactives	15,3	60,3	13,3	4,4	6,6	18 140
Femmes vivant seules actives	86,5	2,6	7,4	2,3	0,7	23 140
Familles monoparentales	**69,0**	**7,4**	**5,9**	**13,0**	**3,9**	**26 660**
Pères	82,1	3,0	6,7	6,4	1,4	33 890
Mères inactives	29,8	18,5	8,0	27,9	15,2	20 600
Mères actives	73,2	6,5	5,3	11,9	2,3	26 560
Couples	**80,1**	**6,6**	**8,4**	**3,9**	**0,5**	**48 650**
Ménages complexes[11]	**71,1**	**13,9**	**6,2**	**4,6**	**3,6**	**42 700**
Ensemble ménages dont la personne de référence a moins de 65 ans	**78,6**	**7,4**	**8,2**	**4,3**	**1,0**	**39 180**

Questions

1. Selon le tableau, quel type de ménage a le plus grand revenu ?

2. Quel groupe bénéficie du plus grand pourcentage des prestations familiales et logement ?

---

10   Source: INSEE « Composition du revenu annuel moyen selon le type de ménage. » http://insee.fr/fr/themes/tableau.asp?reg_id=0&ref_id=NATCCF04205 (30 June 2010).

11   Selon l'INSEE, un ménage complexe compte « plus d'une famille ou plusieurs personnes isolées, ou toute autre combinaison de familles et personnes isolées » .

3. Quels groupes reçoivent la plus grande partie de leur revenu sous forme de pensions ?

4. En général, quelle est la différence entre les revenus des personnes actives et inactives ? Comment expliquez-vous cette différence ?

5. Pour les familles monoparentales, quels sont les groupes analysés ?

6. Pour les ménages dont les personnes ont moins de 65 ans, quel est le revenu avant impôt ?

Le RMI (Revenu minimum d'insertion) et le RSA (Revenu de solidarité active) en France

Quand on parle de l'économie française, on parle souvent du RMI (Revenu minimum d'insertion) qui a été remplacé en 2009 par le RSA (Revenu de solidarité active). Selon l'INSEE, le RMI a été créé en 1988 pour garantir un niveau minimum de ressources et pour faciliter l'insertion des personnes avec un faible revenu. Pour recevoir le RMI il fallait résider en France, avoir au moins 25 ans (sauf dans les cas particuliers), disposer de ressources inférieures au RMI, et conclure un contrat d'insertion. La personne qui bénéfice du RMI reçoit la différence entre le montant du RMI et ses ressources mensuelles.

Activité

Selon les données de l'INSEE, remplissez la fiche d'identité de l'économie pour la France. Faites de la recherche supplémentaire si nécessaire.

Fiche d'identité de l'économie française

nom du pays ou de la région :
nombre d'habitants (population) :
secteurs principaux d'activité :
ressources naturelles :
population active:
    hommes :
    femmes :
revenu moyen :
taux de chômage :
salaire minimum :
Produit Intérieur Brut (PIB) :
PIB/habitant :
Croissance :
Inflation :

Activité écrite et orale 1 : Présenter une économie francophone

Cherchez des informations essentielles à l'économie d'un pays francophone et présentez-les à la classe pour que les étudiants puissent remplir une fiche d'identité pour le pays. Indiquez la population totale, le nombre d'actifs, le revenu moyen, les secteurs d'activité, les ressources naturelles, le taux de chômage, etc. Y a-t-il un salaire minimum ? Pourquoi ou pourquoi pas ?

Écrivez un minimum de 250 mots au sujet du pays qui vous intéresse. Pendant votre présentation en classe, vos camarades de classe rempliront une fiche d'identité de l'économie du pays choisi.

Fiche d'identité de l'économie francophone

nom du pays ou de la région :
nombre d'habitants (population) :
secteurs principaux d'activité :
ressources naturelles :
nombre d'actifs :
revenu moyen :
taux de chômage :
salaire minimum :
Produit Intérieur Brut (PIB) :
autres détails :

Les Structures des entreprises

Une entreprise est une unité économique qui regroupe des moyens humains, matériels, immatériels et financiers pour produire et commercialiser des biens ou

des services avec un objectif de rentabilité. Les entreprises sont divisées entre le secteur privé et le secteur public. Le secteur privé est composé d'entreprises individuelles, d'entreprises sociétaires et d'entreprises coopératives[12]. Par contre, une entreprise nationalisée, c'est-à-dire dans le secteur public, est exploitée par l'État ou se trouve sous son autorité. Par exemple, en France l'EDF (Électricité de France) était une entreprise nationalisée de 1946 à 2004. La nationalisation veut dire qu'une entreprise privée a été transférée à l'État, et cette pratique était très courante entre 1945 et 1973 après la Seconde Guerre mondiale.

Il y a plusieurs types d'entreprises selon leur secteur d'activité. Par exemple :

---

12   Berg, p. 12

- une entreprise industrielle (une usine)
- une entreprise commerciale (un commerce de gros ou de détail)
- une entreprise de service (transports, assurances, etc.)
- une entreprise financière (banques, Bourses, etc.)

On mesure les entreprises selon plusieurs catégories. On regarde surtout le revenu ou le chiffre d'affaires (CA), ce qui représente le total des ventes de biens et services pendant une année. C'est aussi important de savoir le nombre d'effectifs, ce qui veut dire le nombre d'employés ou de salariés.

Une entreprise est généralement une structure légale : une société anonyme, à responsabilité limitée, etc. On distingue aussi les petites, les moyennes et les grandes entreprises selon le capital engagé, la structure administrative, et l'effectif.[13]

Grandes Entreprises

Selon L'INSEE une grande entreprise a au moins 5000 salariés, mais une entreprise qui a moins de 5000 salariés peut aussi être une grande entreprise si elle a plus de 1,5 milliards d'euros de chiffre d'affaires et plus de 2 milliards d'euros de total de bilan.[14]

PME (Petites et moyennes entreprises)

Les PME ont un modeste nombre de salariés ou chiffre d'affaires. En Europe une moyenne entreprise a moins de 250 employés ou 50 millions d'euros en chiffre d'affaires et une petite entreprise a moins de 50 employés et moins de 10 millions d'euros en chiffre d'affaires. Au Canada les PME ont un effectif se chiffrant à moins de 500 employés ou 25 millions CAD.

TPE (Très petites entreprises)

En France une TPE a moins de 10 salariés et selon la Commission Européenne, le chiffre d'affaire ne peut pas excéder 2 millions d'euros. Selon le DCASPL (Direction du commerce, de l'artisanat, des services et des professions libérales), en 2004 il existait 2 390 000 TPE en France.

Le moteur de recherche belge www.references.be explique que la nouvelle définition des petites et moyennes entreprises date du 1er janvier 2005. Le commissaire chargé des entreprises, M. Erkki Liikanen, a expliqué lors du changement: «Les petites et moyennes entreprises constituent l'élément central de l'économie européenne. Elles sont la clé de l'esprit d'entreprise et de l'innovation dans l'UE et sont donc

---

13   Bénouis, p. 69
14   Source: INSEE « Grande entreprise. » http://www.insee.fr/fr/methodes/default.asp?page= definitions/grande-entreprise.htm (2 July 2010).

essentielles pour assurer la compétitivité de l'Union. Une définition appropriée de quelles entreprises rentrent dans cette catégorie facilite la détermination de leurs besoins et la mise au point de politiques efficaces pour compenser les problèmes spécifiques liés à leur taille. C'est vital pour la compétitivité, la croissance et l'emploi dans une Union européenne élargie »[15].

Activité 1

Lisez la description suivante de l'entreprise et répondez aux questions.

> Bouygues Télécom a été créé en octobre 1994 avec la mission de «devenir la marque préférée de service de communication Mobile, Fixe, TV et Internet». Son réseau commercial a été ouvert le 29 mai 1996. L'entreprise a 9 000 effectifs et un chiffre d'affaires de 5 368 milliards d'euros en 2009. A la fin de 2009, Bouygues comptait 10 352 000 clients Mobile et 311 000 clients Fixe[16].

1. Combien de salariés y a-t-il chez Bouygues Télécom ?
2. Quel est le chiffre d'affaire ?
3. Quel type d'entreprise est-ce ? (commerciale, industrielle, etc.)
4. Selon les critères, est-ce une grande, moyenne, petite ou très petite entreprise ?

Activité 2

Consultez le site de PME France, http://www.pme-france.com/, et utilisez « trouver un job en région » pour identifier une PME pour laquelle vous aimeriez travailler, dans une région de France qui vous intéresse. Attention : le site offre aussi des postes dans les grandes entreprises.

Histoire d'Électricité de France (EDF)[17]

L'entreprise EDF est née le 8 avril 1946 suite à la loi de nationalisation des 1 450 entreprises françaises de production, transport, et distribution d'électricité et de gaz. A la fin de la Seconde Guerre mondiale, 90% des foyers français profitent de l'électricité et ont l'éclairage et de petits électroménagers.

Pendant les années 1960, on jouit d'une période de confort et d'abondance, ce qui fait croître les besoins en électricité en France. En 1971, le lancement du chauffage électrique marque un tournant commercial important pour l'EDF. Suite à la crise

---

15   Source: « Nouvelle définition européenne pour les petites et moyennes entreprises (PME) » http://www.references.be/art35177 (7 Septembre 2009).

16   Source: « Présentation de l'entreprise. » http://www.institutionnel.bouyguestelecom.fr/notre_entreprise/presentation_de_l_entreprise (2 July 2010).

17   Source: « Histoire. » http://presentation.edf.com/profil/histoire/1990-a-nos-jours-40182.html (2 July 2010).

pétrolière des années 1970, l'EDF commence son programme électro-nucléaire et en 1980 avec les centrales nucléaires et la modernisation du transport, la France entre dans une ère de « tout-électrique ».

En 1999, l'EDF se tourne vers le développement durable, et le 1er juillet 2004, 70% du marché de l'électricité s'ouvre à la concurrence en France. A ce moment, l'EDF devient une société anonyme (SA) ce qui permet à l'entreprise d'élargir ses frontières. L'EDF entre en bourse en 2005, et en 2007, 100% du marché de l'énergie est ouvert à la concurrence.

Fiche d'identité de l'entreprise

Création :	1946
Dates clé :	Transformation en SA, 2004
	Introduction en bourse (Euronext), 2005
Forme juridique :	SA (Société anonyme avec PDG et Conseil d'administration)
Slogan :	« Changer l'énergie ensemble »
Siège social :	Avenue de Wagram, 75008 Paris, France
Actionnaires :	État français 84,9%, Salariés 1,9%
Activité :	fourniture d'énergie et services
Produit :	Électricité, Gaz
Site Web :	www.edf.com
Chiffre d'affaires :	64,3 milliards d'euros (2008)

Questions

Trouvez l'équivalent en anglais pour les mots suivants :

1. Forme juridique _____
2. Siège social _____
3. Chiffre d'affaires _____
4. développement durable _____
5. nationalisé _____
6. crise pétrolière _____

Discussion

- Qu'est-ce qui a changé la commercialisation de l'énergie pour l'EDF en 1971 ?
- Aujourd'hui est-ce que l'EDF est une entreprise nationalisée ?

Activité

Faites de la recherche pour mettre à jour les données de l'EDF. Refaites la fiche d'identité avec les informations les plus récentes.

Société anonyme (SA)

Une SA est une entreprise dont les principales caractéristiques sont les suivantes :

- les associés, ou actionnaires, ne sont responsables que dans la limite de leurs apports
- elle est composée d'un minimum de 7 actionnaires ou associés
- le capital social se compose de tout ce que les associés apportent à la société (un apport en nature ou en numéraire)[18]
- le capital minimum est de 37 000 euros ou de 225 000 euros si la SA est cotée en Bourse
- la variabilité du capital n'est pas possible sans modifier les statuts
- la société est gérée par un conseil d'administration (3 à 12 administrateurs avec un PDG) ou par un directoire de 2 à 5 associés
- les associées se réunissent une fois par an en assemblée générale
- les associées ne sont pas responsables des dettes de la société et ils peuvent céder leurs titres ou actions

Société à responsabilité limitée (SARL)

- la SARL est bien adaptée pour les petites et moyennes entreprises
- elle est composée de 2 à 50 associés
- le capital social est composé de la même manière que pour les SA
- depuis 2003, il n'y a plus d'obligation de capital minimum, et donc, on peut ouvrir une SARL avec un capital d'un euro
- le capital est divisé en « parts sociales »
- il y a un ou plusieurs gérants qui sont désignés par les associés. Les gérants ne sont pas obligatoirement des associés
- comme pour les SA, les associés se réunissent une fois par an en assemblée générale et ils ne sont pas responsables des dettes de la société
- il existe plusieurs formes de SARL selon l'activité exercée et les associés concernés (i.e. la SARL à capital variable, la SARL de presse, la SARL de famille, etc.)

---

18   Un apport en nature = un local, une machine, etc. Un apport en numéraire = de l'argent

Société par actions simplifiée (SAS)

La SAS est une forme hybride entre la SA et la SARL. C'est une société de capitaux et une société de personnes. Elle permet une grande liberté aux associés parce que le fonctionnement interne de la SAS est défini par ses statuts créés par les associés. La SAS est devenue la forme d'entreprise préférée par les grands groupes.

Activité : Différences entre les formes de sociétés[19]

Étudiant A

Vous connaissez bien les sociétés à responsabilité limitée et votre partenaire connaît mieux les sociétés anonymes. Posez-lui des questions et répondez aux siennes pour compléter la grille.

	SARL	SA
Nombre d'associés ?	entre 2 et 50	
Capital social ?	Tout ce que les associés ont apporté à la société constitue le capital social. On peut faire un apport en nature (un immeuble, du matériel, etc.) ou un apport en numéraire (de l'argent). Le capital est divisé en « parts sociales ». Il n'y a pas de minimum, alors, on peut commencer une S.A.R.L. avec un euro.	
La gestion de la société ?	Les associés choisissent un ou plusieurs gérants pour diriger la société. Il y a une assemblée générale chaque année pour réunir les associés.	
Responsabilité des associés ?	Les associés ne sont pas responsables des dettes de la société. Par contre, en cas de faillite, les associés perdent tout ce qu'ils ont apporté à la société.	

---

19   activité créée d'après une grille dans *Affaires.com* « Choix de société » p. 26.

Activité : Différences entre les formes de sociétés[20]

Étudiant B

Vous connaissez bien les sociétés anonymes et votre partenaire connaît mieux les sociétés à responsabilité limitée. Posez-lui des questions et répondez aux siennes pour compléter la grille.

	SARL	SA
Nombre d'associés ?		un minimum de 7
Capital social ?		Tout ce que les associés ont apporté à la société constitue le capital social. On peut faire un apport en nature (un immeuble, du matériel, etc.) ou un apport en numéraire (de l'argent). Minimum : • 37 000 euros ; • ou 225 000 euros si la société est cotée en Bourse. Le capital est divisé en actions, et on appelle les associés des « actionnaires ».
La gestion de la société ?		La société peut être gérée par un conseil d'administration de 3 à 12 administrateurs avec un PDG (président-directeur général) qui les dirige, ou par un directoire de 2 à 5 membres. Si la société est dirigée par un directoire, un conseil de surveillance (de 3 à 12 membres) gouverne le directoire. Il y a une assemblée générale chaque année pour réunir les associés.
Responsabilité des associés ?		Les associés ne sont pas responsables des dettes de la société. Par contre, en cas de faillite, les associés perdent tout ce qu'ils ont apporté à la société.

---

20   activité créée d'après une grille dans *Affaires.com* « Choix de société » p. 26.

Après avoir rempli la grille avec votre partenaire, répondez aux questions suivantes :

1. Quelle forme juridique convient mieux aux petites entreprises ?
2. Quelle forme impose un capital minimum ?
3. Quelle forme juridique ne limite pas le nombre d'associés ?
4. Quelle sorte de société peut être cotée en Bourse ?
5. Dans quel type de société peut-on avoir plus de 50 salariés ?
6. Si la compagnie fait faillite, les associés sont-ils personnellement responsables des dettes de la société ?

Une comparaison des entreprises

L'Oréal, S. A.[21]

Pour vérifier votre compréhension de la structure des entreprises, vous préparez une comparaison de L'Oréal et Procter and Gamble. Les informations sont respectivement en français et en anglais.

Profil du groupe

Devise: Parce que vous le valez bien

Siège social :   14 rue Royale
75009 Paris
FRANCE
www.loreal.fr

- 1 siècle d'expertise cosmétique
- 17,5 milliards d'euros : CA consolidé en 2009
- 23 marques mondiales
- 130 pays
- 64 600 collaborateurs
- 674 brevets déposés en 2009

Filiales

L'Oréal Professionnel, Kerastase, Redken, Matrix, L'Oréal Paris, Garnier, Maybelline, SoftSheen-Carson, Lancôme, Giorgio Armani, Yves Saint Laurent, Ralph Lauren, Biotherm, Helena Rubinstein, Shu Uemura, Kiehl's, Diesel, Cacharel, Vichy, La Roche-Posay, Innéov, SkinCeuticals et The Body Shop sont les 23 marques les plus importantes du groupe.

---

21   Source: www.loreal.fr. (15 June 2010)

Finance

Résultats annuels 2009

- Chiffre d'affaires : 17,5 milliards d'euros
- Résultat d'exploitation : 2,5 milliards d'euros
- Résultat net par action : 3,42 euros
- Dividende par action : 1,50 euro

Mission

« À L'ORÉAL, nous croyons que chacun aspire à la beauté. Notre mission est d'aider les hommes et les femmes du monde entier à réaliser cette aspiration et à exprimer pleinement leur personnalité. Cet engagement donne un sens et de la valeur à notre entreprise ainsi qu'à la vie professionnelle de nos Collaborateurs.

Nous sommes fiers de notre travail ».

Le Groupe L'Oréal est fier de ...

- un engagement pour le développement des compétences et pour l'expertise de tous les employés pour soutenir la croissance continue du Groupe
- une stratégie globale de recrutement
- un grand engagement en faveur de la diversité (110 nationalités et 57% des cadres sont des femmes)
- être l'un des employeurs préférés du monde (classé n° 3 au niveau mondial par les étudiants en école de commerce) selon le sondage Universum 2009.
- avoir 64 600 employés répartis dans 66 pays et 38 usines dans le monde
- 4,9 milliards de produits fabriqués en 2009

Activité

Remplissez la fiche d'identité avec les informations données sur L'Oréal.

Fiche d'identité de l'entreprise

1. Nom de l'entreprise :
2. Forme juridique (SA, SARL, SAS) :
3. Date de création :
4. Secteur d'activité :
5. Siège social (où se trouve la direction ?) :
6. Effectif (nombre de salariés) :
7. Chiffre d'affaires (le montant des ventes) :
8. Lieux d'implantation (les usines, les bureaux, etc.) :
9. Étendue du marché (Où vend-elle ? Dans quels pays ?) :
10. Autres caractéristiques :

Pour aller plus loin

Regardez la vidéo « Le développement durable chez L'Oréal Paris ». http://www.loreal-paris.fr/videos/le-developpement-durable-chez-l-oreal-paris.aspx#

Que fait le groupe L'Oréal pour respecter l'environnement ? Faites une liste d'au moins cinq stratégies différentes[22].

P&G Global Operations (Procter & Gamble)

www.pg.com

Procter and Gamble is a Fortune 500 American company with headquarters in Cincinatti, Ohio. In mid 2010, P&G was ranked the 6th most profitable corporation in the world and the 5th largest corporation in the United States. P&G was founded in 1837 by William Procter, a British emigrant to the United States. Procter and James Gamble settled in Cincinnati in the early nineteenth century and on April 12, 1837, they started making and selling soap and candles. Later that year they formalized their business relationship by pledging $3,596.47 apiece.

A company of leading brands

« For nearly 172 years, P&G has been providing trusted brands that make every day a little better for the world's consumers. P&G has the largest lineup of leading brands in its industry, with 23 brands with over $1 billion in annual sales, and another 20 brands generating about $500 million or more in annual sales. These 43 brands have delivered a 9-year compound average sales growth rate of approximately 10% — double the growth rate of the balance of P&G's brand portfolio. »[23]

Brands with net sales more than US$ 1 billion annually

Ariel, Bounty, Braun, Charmin, Crest, Dawn, Downy, Lenor, Duracell, Gain, Gillette, Head & Shoulders, Iams, Olay, Oral-B, Pampers, Pantene, Pringles, Tide, Wella

Purpose and People

« Companies like P&G are a force in the world. Our market capitalization is greater than the GDP of many countries, and we serve consumers in more than 180 countries. With this stature comes both responsibility and opportunity. Our

---

22   Video also available at http://www.youtube.com/watch?v=GVXoR_Cc-pw

23   Sources: www.pg.com and P&G 2009 annual report.

responsibility is to be an ethical corporate citizen—but our opportunity is something far greater, and is embodied in our Purpose.

Our Purpose: We will provide branded products and services of superior quality and value that improve the lives of the world's consumers, now and for generations to come. As a result, consumers will reward us with leadership sales, profit and value creation, allowing our people, our shareholders and the communities in which we live and work to prosper. »

Global Operations

The P&G community consists of over 140,000 employees working in over 80 countries worldwide. They provide products and services to consumers in over 180 countries and there are around 140 nationalities represented in their workforce.

Profile

Type	Public (NYSE: PG)
Founded	1837
Headquarters	One Procter & Gamble Plaza, Cincinnati, Ohio, USA 45202
Key people	Bob McDonald, Chairman and CEO
Industry	Consumer goods
Revenue	US$79.03 billion (2009)
Net income	US$13.44 billion (2009)
Employees	140,000 (2009)
Slogan	Touching Lives, Improving Life.
Website	www.pg.com

Comparer deux entreprises internationales

Activité

Remplissez une fiche d'identité en français pour Procter & Gamble. Ensuite, avec un partenaire, comparez P&G à L'Oréal. Consultez les sites Internet pour plus d'informations.

Fiche d'identité

1. Nom de l'entreprise :

2. Forme juridique (S.A., S.A.R.L) :

3. Date de création :

4. Secteur d'activité :

5. Siège social (où se trouve la direction ?) :

6. Effectifs (nombre de salariés) :

7. Chiffre d'affaires (le montant des ventes) :

8. Lieux d'implantation (les usines, les bureaux, etc.) :

9. Étendue du marché (Où vend-elle ? Dans quels pays ?) :

10. Autres caractéristiques :

Questions de comparaison

1. Quelles sont trois similarités et trois différences ?

2. Quelle entreprise a un plus grand effectif ?

3. Laquelle a une étendue de marché plus large ?

4. Qui a le plus grand chiffre d'affaires ?

5. Analysez la mission de chaque entreprise. Que pensez-vous de ces idées ? Sont-elles faisables ? Est-ce que L'Oréal et P&G soutiennent des efforts pour atteindre leur mission ?

Les Plus Grandes Entreprises françaises et québécoises

Le CAC 40, l'indice de bourse principal à Paris, prend son nom du système de «Cotation Assistée en Continu.» Crée le 31 décembre 1987 basé sur un système de 1000 points, sa valeur est déterminée par des 40 actions cotées en continu et choisies parmi les plus importantes qui représentent l'économie française. 70% de la capitalisation totale de la Place de Paris est représenté par le CAC 40 et il fait partie d'Euronext, la première bourse européenne.

Liste des entreprises du CAC 40

Voici une liste des entreprises du Cac 40 en 2010. Faites de la recherche sur Internet pour vérifier que la liste soit toujours valable, et choisissez une de ces entreprises pour en faire une présentation.

1. Accor
2. Air France-KLM
3. Air Liquide
4. Alcatel-Lucent
5. Alstrom
6. ArcelorMittal
7. Axa
8. BNP Paribas
9. Bouygues
10. Capgemini
11. Carrefour
12. Crédit Agricole
13. Danone
14. Dexia
15. EADS
16. EDF
17. Essilor International
18. France Télécom
19. GDF Suez
20. L'Oréal

21. Lafarge	31. Schneider Electric
22. Lagardère	32. Société Générale
23. LVMH	33. STMicroelectronics
24. Michelin	34. Suez Environnement
25. Pernod-Ricard	35. Total
26. Peugeot	36. Unibail-Rodamco
27. PPR	37. Vallourec
28. Renault	38. Veolia Environnement
29. Saint-Gobain	39. Vinci
30. Sanofi-Aventis	40. Vivendi

Les Top 25 entreprises du Québec en 2009[24]

Rang	Entreprise	Employés totaux	Employés au Québec	Actif total[25]	Revenus totaux	Bénéfice net
1	Desjardins (Mouvement des caisses)	43 357	39 119	152 298 000	11 020 000	78 000
2	METRO (chiffres avec les temps partiels) (2)	65 000	32 000	4 110 100	10 252 200	292 700
3	Sobeys Québec	27 941	27 941	n.d	n.d	n.d
4	George Weston	145 098	22 850	19 640 000	32 880 000	832 000
5	Hydro-Québec	19 297	19 297	66 740 000	12 170 000	3 100 000
6	Jean Coutu (Groupe) (PJC)	16 404	15 276	1 440 400	2 930 300	-1 921 100
7	Bombardier (1) (3)	66 900	14 965	22 130 000	21 230 000	1 500 000
8	RONA (4)	29 300	14 500	2 617 173	4 112 122	160 199
9	BCE (Bell Canada Entreprises)	50 102	14 331	39 630 000	17 980 000	1 100 000
10	Quebecor	17 100	11 065	8 870 700	3 010 100	- 600 000
11	Banque Nationale (Groupe financier)	12 751	10 419	129 000 000	3 500 000	947 000
12	Coop fédérée (La)	11 175	9 872	1 350 503	3 610 101	70 992
13	CGI (Groupe)	25 000	9 000	3 397 973	3 586 863	292 764
14	Société de transport de Montréal (STM)	8 402	8 402	2 044 449	980 782	-11 138
15	St-Hubert (Groupe) (Les Rôtisseries St-Hubert)	8 000	8 000	n.d	n.d	n.d

24 Source : « Les 500 au Québec. » http://www.lesaffaires.com/classements/les-500-au-quebec (2 July 2010).

25 L'acrif dubilan est l'image de ce que possède l'entreprise, les biens tels que les terrains, les brevets, le matériel, etc.

Rang	Entreprise	Employés totaux	Employés au Québec	Actif total	Revenus totaux	Bénéfice net
16	Banque Royale du Canada	73 323	7 800	723 859 000	21 820 000	4 500 000
17	Rio Tinto Alcan (1) (5)	39 000	7 450	37 653 316	25 127 714	1 216 160
18	TransForce (Fonds de revenu)	15 270	7 261	1 190 907	2 192 929	79 678
19	Garda World (Corporation de sécurité)	50 000	7 000	988 957	1 478 788	-97 148
20	Loto-Québec	6 900	6 900	n.d	n.d	n.d
21	AbitibiBowater (6) (1)	14 393	6 848	8 486 867	7 798 983	-2 814 476
22	Sears Canada	33 000	6 800	3 470 700	5 300 000	288 600
23	Pratt & Whitney Canada (3)	10 500	5 800	n.d	3 000 000	n.d
24	Transcontinental	13 744	5 507	2 040 400	2 930 300	7 900
25	IBM Canada (Québec)	19 000	5 500	n.d	n.d	n.d

Questions

1. Selon le classement des top 25 entreprises du Québec, quelle entreprise a le moins d'employés totaux ?

2. Quelle entreprise a le plus grand bénéfice ?

3. Quelle entreprise a le plus grand actif total ?

4. Dans quelle catégorie classe-t-on les entreprises selon ces informations ?

Pour aller plus loin

Si vous pensez à créer une entreprise en France, voici quelques sites spécialisés pour aider les entrepreneurs.

www.service-public.fr

www.pme.gouv.fr

www.journal-officiel.gouv.fr Le Journal Officiel

www.cnil.fr (Commission Nationale Informatique et Libertés)

www.apce.com (Agence pour la Création d'Entreprises)

www.mediateurducredit.fr Le site du médiateur du credit aux entreprises

www.ubifrance.fr (L'Agence française pour le développement international des entreprises – UBIFRANCE)

travailler-mieux.gouv.fr

mon-accompagnement.com

Visionnement 1 : Présentation d'une entreprise, Okidok[26]

Regardez la vidéo de présentation « Okidok, loisirs récré-actifs pour enfants » trouvée sur le site http://www.pullins.com/Hubbell/BusinessFrench et répondez aux questions.

1. Comment s'appelle le créateur de l'entreprise?
2. Où se trouve le siège social d'Okidok ?
3. Quelle est son activité principale ?
4. Okidok s'occupe des enfants de quels âges ?
5. Les activités sont basées sur trois éléments qui sont, le jeu, _____, et _____.
6. Okidok veut lutter contre _____.
7. Quelles sortes d'activités est-ce qu'Okidok propose pour les enfants ? Citez-en deux.
8. Quels services sont proposés aux parents ?
9. Combien de personnes sont accueillies chaque année par Okidok ?
10. Faites une critique de la présentation de l'entreprise.
    a. Quelles sortes d'informations sont présentées ?
    b. Est-ce que la vidéo a attiré votre attention ? Pourquoi ou pourquoi pas ?
    c. Avez-vous une idée précise de l'activité de l'entreprise ?
    d. Citez deux activités principales de l'entreprise.

Activité orale : Présenter une entreprise francophone

Choisissez une entreprise francophone et trouvez les informations pour remplir une fiche d'identité de l'entreprise, voir ci-dessus. Ensuite, présentez votre entreprise à vos camarades de classe qui, à leur tour, rempliront une fiche d'identité. Essayez de trouvez quelques détails supplémentaires pour rendre votre présentation unique et aussi riche que possible. Pensez aux vidéos que vous avez regardées et consultez les listes du CAC 40 et les top 25 entreprises du Québec pour vous aider à choisir.

Fiche d'identité :

1. Nom de l'entreprise :
2. Forme juridique (S.A., S.A.R.L, S.A.S.) :
3. Date de création :
4. Secteur d'activité :
5. Siège social (où se trouve la direction ?) :

---

26 Source for video: http://www.1minute4biz.com/france/presentation-commerciale/okidok-des-loisirs-recre-actifs-pour-enfants/ Used with permission from Okidok.

6. Effectif (nombre de salariés) :

7. Chiffre d'affaires (le montant des ventes) :

8. Lieux d'implantation (les usines, les bureaux, etc.) :

9. Étendue du marché (Où vend-elle ? Dans quels pays ?) :

10. Autres caractéristiques :

Visionnement 2: Premier jour de travail

Ressources humaines, Premier jour de travail

Réalisateur : Laurent Cantet

France : 1999

Présentation du film

Frank Verdeau va commencer un stage à l'usine où travaille son père. Vous allez suivre sa première journée dans l'entreprise.

Avant de regarder

Discutez les questions suivantes et donnez des exemples pour soutenir votre opinion.

1. Comment vous habillez-vous pour le premier jour de travail dans un bureau ?

2. Quels seraient vos sentiments si vous deviez travailler avec vos parents ?

3. Imaginez quels seraient les sentiments de vos parents.

4. Est-ce que tous les membres de votre famille ont le même niveau d'éducation ? Si non, y a-t-il des tensions à cause de cette différence ? Expliquez pourquoi ou pourquoi pas.

Visionnement

Regardez chaque scène une première fois en observant le comportement et la proximité des gens. Décrivez les rapports entre les membres de la famille selon vos observations. Pendant le deuxième visionnement, répondez aux questions ci-dessous.

scène 1 : L'arrivée (début –3m49s)

1. Décrivez le milieu social dans lequel vit la famille de Frank.

2. Qui sont les membres de sa famille ? Qui est venu à sa rencontre à la gare ?

scène 2 : Les conseils du père pour le premier jour de travail (3m50s – 4m56s)

1. Décrivez le rapport entre Frank et son beau-frère par rapport à leurs paroles.

2. Est-ce que Frank est nerveux ?

3. Le père de Frank dit, « Tu es au travail. T'es plus à l'école…et il faut être sérieux ». Quelle est la réaction de Frank ?

4. Est-ce le premier stage pour Frank ?

5. Est-ce que Frank a déjà passé un entretien ?

6. L'entreprise est-elle centralisée ? Comment peut-on le savoir ?

7. Quelle est l'opinion du beau-frère au sujet du patron de l'usine ? Que pense le père de Frank ?

8. Frank dit, « Ce n'est qu'un stage » et son père répond, « Justement. Ca se prépare. On n'y va pas les deux mains dans les poches ». Qu'est-ce que cette expression veut dire ? De quoi s'inquiète-il ?

9. À la fin de la conversation, est-ce que Frank est nerveux ?

scène 3 : Frank va au travail (4m57s – 7m15s)

1. Frank, que porte-t-il ? Décrivez ses vêtements.

2. Décrivez la réaction de sa mère quand Frank descend pour aller au travail.

3. Que porte son père ?

4. Quelles sont les réactions des amis de la famille quand ils voient Frank?

5. Que font les ouvriers avant de commencer le travail ?

6. Pourquoi la ponctualité est-elle importante ?

scène 4 : Préparation pour le travail (7m34s – 8m55s)

1. Est-ce que Frank peut entrer dans l'usine ? Quel est le problème ?

2. Pourquoi Jean-Claude (son père) voulait qu'il y entre ?

3. À la fin, est-ce qu'on lui permet d'y entrer ? Oui/Non

4. Quelle est la réaction de Frank face à la décision ?

scène 5 : Visite de l'usine (8m58s – 12m28s)

1. Décrivez l'ambiance de l'usine.

2. Quelle est la réaction des ouvriers quand ils voient Frank ?

3. Que portent les ouvriers ?

4. Décrivez l'expression de Frank quand il voit le travail de son père.

5. Que se passe-t-il pendant que son père lui explique son travail ?

Après avoir regardé

Quelles sont les divisions entre les personnes qui sont présentées dans les scènes ? Pensez aux divisions visuelles et spatiales. Faites une liste.

Chapitre 3

À la recherche d'un emploi

Maintenant que vous comprenez l'économie, les entreprises, et l'administration dans quelques pays francophones, vous êtes prêt à préparer votre candidature. Pour ce faire, vous devez étudier le système de recherche de travail en français et analyser votre profil pour bien identifier votre projet.

Activité préparatoire

Créer un dossier pour la recherche d'un emploi dans les pays anglophones

Vous avez un ami francophone qui veut chercher du travail dans votre ville universitaire. Préparez un dossier culturel selon les habitudes anglophones pour la recherche du travail. Choisissez un élément (offre d'emploi, cv, lettre, entrevue, etc.). Consultez le Centre de formation de votre université ou des sites web que vous connaissez, tels que monster.com, pour trouver les informations. Comment expliquez-vous, par exemple, le « resume » à un francophone ? Après l'avoir écrite, présentez votre recherche à la classe.

Vocabulaire pour la recherche d'un emploi

votre profil

une capacité (fr)	ability, skill
une compétence	ability, skill
les connaissances, *f. pl*	acquired knowledge, experience
une contrainte	restriction or limitation
l'esprit d'équipe, *m.*	working with others
les faiblesses, *f.*	weaknesses
les forces, *f.*	strengths
une habileté (qb)	skill
le leadership (angl.)	leadership
mettre à jour	to update
la personnalité	personality traits
une qualité	quality, skill, capacity
les qualifications, *f.pl*	qualifications
les qualités de dirigeant, *f.pl*	leadership skills
le savoir-faire	know-how
souligner	to underline, to highlight

votre réseau

les connaissances, *f.pl*	aquaintances
les contacts, *m.pl*	contacts
faire du réseautage (qb)	to network
faire du Networking (fr)	to network
le marché caché	the hidden job market
une rencontre (qb)	meeting
un rendez-vous (fr)	meeting, appointment

les annonces de travail

les activités extrascolaires, *f.pl*	extracurricular activities
l'ambiance, *f.*	environment (work)
l'autorisation, *f.*	clearance number
les avantages intéressants, *m.pl*	benefits (good)
bénévole, *n. ou adj.*	volunteer
le bureau	office
un bureau à cloisons	cubicle
un but	goal
une candidature spontanée	unsolicited application
les capacités informatiques (l'informatique)	computer skills
le code vestimentaire	dress code
la concurrence	competition
le courriel (qb)	e-mail
le curriculum vitae (CV)	CV, resume

your profile

your network

job announcements

la dactylographie (la dactylo)	typing
la date de clôture	closing date
la date de publication	posting date
de garde	on call
de service	on call
les déplacements fréquents, *m.pl*	extensive travel
la description de l'emploi (du poste)	job description
les distinctions, *f.pl*	honors
la durée	duration *(heading)*
l'éducation, *f.*	education
embaucher	to hire
engager	to commit, to hire
un entretien d'embauche (fr)	job interview
une entrevue (de sélection) (qb)	job interview
les études, *f.*	education, studies
les exigences, *f.pl*	required qualifications
l'expérience de travail, *f.*	work experience
une filiale	branch (of a company)
les fonctions, *f.pl*	tasks, responsibilities, duties
la formation	education
les heures supplémentaires, *f.pl*	overtime
inclure	to include
l'intérimaire d'un an, *m.*	one-year acting appointment nomination
joindre	to attach
une lettre de candidature	cover letter
une lettre de motivation	cover letter
un loisir	hobby
une maîtrise du français	French language proficiency
une maîtrise de l'oral	verbal proficiency *(of French language)*
une maîtrise de l'écrit	written proficiency *(of French language)*
mi-temps	part time
les objectifs, *m.pl*	objectives
un passe-temps	hobby, pastime
une pause	a break
plein temps	full time
postuler	to apply
les prix, *m.pl*	awards
les références, *f.pl*	references
les relations publiques, *f.pl*	public relations
le salaire	salary
le salaire de base	starting wage
soutenir[1]	to support

---

1   « supporter » est un faux ami qui peut être traduit plus souvent comme « to tolerate »

une succursale	branch, outlet
les tâches, *f.pl*	tasks, responsibilities, duties

les titres du poste / position titles

un attaché d'administration	executive officer *(job classification)*
le cadre	manager
le chef	boss
classifié	classified *(of a position)*
le directeur / la directrice	director
l'intérim, *m.*	temp (temporary employee)
le personnel de bureau	office administration *(job classification)*
le/la secrétaire	secretary
les services à la clientèle	customer and client services *(job classification)*
le/la stagiaire	intern
la technologie de l'information	information technology *(job classification)*
le travail de bureau	clerical *(job classification)*

pour le téléphone / for the telephone

Allô ?	Hello?
Allô, oui ?	Yes, hello?
Allô, (Nom de l'Entreprise)? (je vous écoute)	Hello, (Company name)? (I'm listening)
Bonjour, je voudrais parler à M. X.	Hello, I would like to speak with Mr. X.
Est-ce que je pourrais parler à …	Could I please speak to …
Est-ce que M. X est là ?	Is Mr. X there?
(C'est) de la part de qui ?	May I ask who is calling?
Qui est à l'appareil ?	Who is calling?
Ici c'est _____.	This is _____.
C'est _____ à l'appareil.	This is _____ on the phone.
C'est de la part de _____	This is _____ calling.
Oui, ne quittez pas. Je vais l'appeler.	Yes, don't hang up. I will call him.
Je vous le/la passe.	I am connecting you.
Voulez-vous patientez ?	Can you wait, please?
Veuillez patientez.	Please wait.
Voulez-vous/Désirez-vous laisser un message ?	Would you like to leave a message?
Est-ce que vous savez quand il/elle sera disponible ?	Do you know when he/she will be available?
Est-ce que je peux laisser un message pour lui/elle ?	May I leave a message for him?
Je vous en prie.	You're welcome.
Il n'y a pas de quoi.	You're welcome.

composer un numéro / to dial a number

un abonnement	subscription (phone contract)
un appareil	phone (handset)
un appel gratuit (un numéro vert (fr))	toll free call
appeler	call
appuyer sur la	press the …

attendre la tonalité	wait for the tone
brancher	to plug in
le clavier	keypad
le combiné	handset
composer un numéro	dial a number
décrocher	pick up the receiver
le dièse	pound sign
un forfait	fixed rate
un portable	a cell phone, a laptop computer
le poste	phone (hard-line telephone)
quelqu'un au bout du fil	someone on the other end
un réseau sans fil	wireless network
la sonnerie	ring
un téléphone	phone
un téléphone portable[2]	a cell/mobile phone
téléphoner (à)	to call
les touches, *f.pl*	keys

les sigles

BTS : Brevet de Technicien Supérieur
CAP : Certificat d'Aptitude Professionnelle
CDD : Contrat de durée déterminée
CDI : Contrat de durée indéterminée
CNE : Contrat Nouvelle Embauche
CV : Curriculum vitae
DEA : Diplôme d'études approfondies
DESS : Diplôme d'État du Service Social ou Diplôme d'Études Supérieures Spécialisées
DEUG : Diplôme d'Études Universitaires Générales
DUT : Diplôme Universitaire de Technologie
ERP : Établissement Recevant du Public
ESC : École Supérieure de Commerce
ESTACA : École Supérieure des Techniques Aéronautiques et de Construction Automobile
GEA : Gestion des Entreprises et des Administrations
GPAO : Gestion de Production Assistée par Ordinateur
IDF : Ile de France
INSEEC : Institut des Hautes Études Économiques et Commerciales
LEA : Langues Étrangères Approfondies ou Langues Étrangères Appliquées
LM : Lettre de motivation
ONG : Organisation Non Gouvernementale
PACA : Provence Alpes Côte d'Azur
RH : Ressources Humaines

---

2   En Suisse un téléphone portable = un natel (fam.)

Déterminer votre profil

Avant de commencer votre recherche de travail, il faut tout d'abord se connaître. Quelles sont vos qualités ? Qu'est-ce que vous pouvez apporter au marché du travail ?

Quelles compétences devez-vous acquérir avant d'avoir le poste que vous désirez ? Pour ce faire, vous allez déterminer votre profil professionnel.

Principaux axes de l'employabilité

Selon MC2 Expérience stratégique, il y a six axes principaux d'employabilité : les compétences, les caractéristiques personnelles, les réalisations, le marché, les motivations, et la communication. Vous devez bien réfléchir à chaque catégorie pour vous connaître et pour savoir quelle sorte de poste vous pouvez éventuellement décrocher. Lisez les descriptions suivantes. Connaissez-vous vos compétences, vos motivations, et vos réalisations, et pouvez-vous les communiquer ?

Compétences[3]

- Connaissances, savoirs, comportements mis en œuvre pour réaliser une activité

Caractéristiques personnelles

- L'ensemble de vos qualités et comment elles se manifestent

Réalisations

- Une tâche que vous avez menée à bien
- Un travail dont les résultats vous ont satisfait
- Un problème auquel vous avez apporté une solution ingénieuse
- Une initiative qui a sensiblement amélioré les choses

Marché

- Utilisateurs de vos services et leurs exigences
- Connaissance de la fluidité de votre marché
- Connaissance des établissements d'enseignement (pour une mise à jour de vos connaissances ou une formation complémentaire)

---

3   Source: slightly adapted from « Principaux axes de l'employabilité, » MC2 Expérience Stratégique, p. 6, licensed. My activity.

Motivations

- Vos valeurs, les choix qui vous ont marqué et les motifs qui vous ont guidé
- Évaluez ce que vous pouvez abandonner ou consentir pour préserver vos valeurs principales

Communication

- Aptitude à échanger des idées, des informations
- Capacité d'écoute, de conviction, notamment dans vos relations professionnelles
- Habileté[4] à communiquer vos atouts, à bâtir une argumentation en tenant compte des attentes de votre interlocuteur
- Définissez dans quelles formes de communication vous êtes le plus à l'aise : orale, écrite, individuelle, collective

Activité

Avec un partenaire, prenez des notes et discutez si vous maîtrisez chaque axe de l'employabilité ou s'il vous reste du travail à faire pour vous préparer. Soutenez vos réponses avec des exemples précis. Comparez vos forces et soyez prêts à en parler à la classe.

Mon projet en neuf étapes

Avant de chercher du travail, il faut savoir ce que vous espérez faire. Quel est, donc, votre projet ? C'est-à-dire, quel est votre objectif professionnel ou quelle sorte de métier espérez vous poursuivre ? Comment allez-vous assurer votre succès ?

Répondez aux questions suivantes[5]

1. Quel est votre projet ?
2. Quelles sont les caractéristiques des services que vous offrez dans le cadre de ce projet ?
    - Faites des liens avec votre expérience, vos qualités et vos compétences
    - J'ai, je peux, je suis … (Écrivez des phrases précises.)
3. Sur quoi vous basez-vous pour dire que les gens s'intéresseront à vos services ?
4. À quel marché destinez-vous vos services ?
5. Qui sera votre clientèle ?
6. De quelles façons comptez-vous vous faire connaître de votre clientèle potentielle ?

---

4 Dans ce contexte, « habilité » est le mot préféré au Québec pour parler d'une capacité.
5 Source for questions: « Mon projet en neuf étapes, » MC2 Expérience stratégique, p. 10, licensed. My discussion questions.

7. Qu'est-ce qui fait que votre projet sera un succès ?

8. Qu'auriez-vous besoin de mettre à jour[6] afin que vos services puissent demeurer compétitifs ?

    - Formations, langues, logiciels …

9. Sur quels éléments comptez-vous vous appuyer pour vous différencier de vos concurrents ?

Activité

Après avoir répondu aux questions, discutez avec un partenaire.

1. Quelles questions étaient les plus difficiles ? Pourquoi ?

2. Y a-t-il des questions auxquelles vous n'avez toujours pas de réponse ? Pourquoi ?

3. Qu'est-ce que vous devez faire pour mieux connaître votre projet ?

4. Qu'est-ce qui vous distingue de vos concurrents ?

Les Capacités, le savoir-faire, et les qualités

Quelle est la différence entre les capacités, le savoir-faire, et les qualités ?

Une capacité[7] est une qualité personnelle (innée ou acquise) qui vous permet d'arriver à une fin. Cela inclut l'intelligence et les compétences dans une activité qui demande l'acquisition et l'application de techniques. Voici quelques exemples des capacités nécessaires pour le travail en équipe :

- Écouter activement
- Demander et offrir de l'aide
- Suivre les consignes
- S'encourager
- Participer activement
- Remercier

Le savoir-faire est la manifestation d'une capacité. C'est la pratique d'une discipline ou d'une profession précise, et le savoir-faire est acquis par expérience ou par un apprentissage. Quelques exemples du savoir-faire incluent :

- la négociation
- l'animation et la formation des collaborateurs
- le recrutement de nouveaux clients

Une qualité est un trait de caractère. Par exemple, les qualités personnelles incluent :

- la flexibilité
- l'indépendance
- la sociabilité
- la stabilité
- la tolérance

---

6   mettre à jour = to update
7   Au Québec, on dirait plutôt une « habileté ».

Activité 1

Remplissez la grille avec vos capacités, votre savoir-faire, et vos qualités les plus importantes.

capacité	savoir-faire	qualité

Activité 2

Voici quelques exemples de compétences générales :

- la gestion des conflits
- la négociation
- la capacité de travailler en équipe (l'esprit d'équipe)
- la planification
- l'organisation
- la communication écrite/orale
- la débrouillardise
- la minutie
- l'autonomie
- la patience
- l'intégrité
- le dynamisme
- la vision stratégique
- le sens des priorités
- le sens autocritique
- le sens de la persuasion
- le bon sens de jugement
- la capacité d'analyse
- la maîtrise de soi
- l'esprit de synthèse

Avec un partenaire, étudiez cette liste et identifiez vos compétences. Ensuite, ajoutez au moins trois compétences qui ne figurent pas dans la liste ci-dessus.

Bilan personnel et professionnel[8]

Votre objectif est de bien vous connaître pour:

- cibler efficacement votre marché ou cerner le créneau de postes à envisager
- rédiger adéquatement votre curriculum vitae, votre lettre et votre carte de présentation
- préparer soigneusement votre entretien d'embauche[9]

Activité

Remplissez la grille suivante pour identifier vos forces[10], vos faiblesses et vos compétences. Quand vous écrirez votre CV et votre lettre de motivation, vous consulterez cette grille.

JE SUIS	JE SAIS	JE SAIS FAIRE
Mes caractéristiques personnelles	Mes connaissances dans un domaine spécifique	Mes capacités transférables développées dans mes …
• Forces	• Connaissances académiques	• Emplois précédents
• Aspects à améliorer	• Connaissances informatiques	• Activités et / ou engagements sociaux, bénévolat…
• Intérêts particuliers	• Connaissances linguistiques	• Études / stages
• Contraintes[11]	• Autres formations et connaissances	• Loisirs

---

8 Source: slightly adapted from « Bilan personnel et professionnel, » MC2 Expérience Stratégique, p. 11, licensed
9 Au Canada on dit, « une entrevue de sélection ».
10 Atouts
11 les contraintes = restrictions or limitations

Aspects à améliorer[12]

Un défaut n'est rien d'autre qu'un point fort poussé à l'excès. Contrôlez l'excès et vous supprimez le défaut. Réfléchissez à vos points faibles et essayez de les transformer en points forts. Pensez en termes de personnalité, de caractère, d'intelligence, d'impression que vous laissez aux autres, tout en demeurant objectif et réaliste.

Voici quelques exemples :

Forces	Aspects à améliorer
• Travaille vite • En quête d'excellence • Discret • Rapide • Leader • Goût du risque • Économe • Tenace • Bon négociateur • Souci du détail • Capable de mener plusieurs actions en même temps • Vivacité intellectuelle • Nature aimable et chaleureuse	• Impatient • Obsédé par la perfection • Trop modeste • Impulsif • Tendance à vouloir dominer • Extravagant • Avare • Têtu • Enclin à faire des compromis • Maniaque • Difficulté à terminer un projet, une tâche ou autre • Difficulté à gérer ses émotions • Difficulté à respecter ses limites

Activité

Maintenant, réfléchissez à vos faiblesses et traduisez-les en forces.

Forces	Aspects à améliorer

---

12   Source: slightly adapted from « Points à améliorer, » MC2 Expérience Stratégique, p. 15, licensed. My activity.

Le Profil du candidat idéal

Selon Patricia St-Pierre dans son chapitre, « Les Compétences les plus convoitées », les entreprises cherchent non seulement les candidats qui ont des compétences professionnelles, mais aussi ceux qui peuvent s'adapter à de nouveaux environnements. Comme le marché du travail est toujours en évolution, on cherche des candidats qui sont « capables …

- de retirer du plaisir de leur travail
- de travailler efficacement avec les autres employés
- de faire preuve de créativité
- de croire en leurs moyens
- de préserver et de surmonter des difficultés
- de gérer l'ambiguïté
- de prendre des initiatives
- de démontrer une influence positive sur leur environnement. » (19)[13]

De plus, St-Pierre souligne l'importance d'une deuxième langue parlée et écrite, ainsi que les compétences techniques telles que la capacité de travailler avec certains équipements, matériels, logiciels, etc.

Eveline Marcil-Denault explique dans son livre *Du CV à l'embauche* que l'objectif de la sélection de personnel est d'établir « de bons appariements entre des personnes et des postes »[14]. On veut choisir un candidat qui va bien s'intégrer dans l'environnement du travail. Pour cette raison, il faut bien analyser les demandes du poste analyser avant d'y postuler.

Pour créer de bons appariements, il faut savoir ce qu'on demande. Quand vous lisez une annonce de travail, répondez aux questions suivantes :

1. Quel est le titre du poste ?
2. Rappelez vous, quel est votre projet ? Est-ce qu'il y a une correspondance entre votre projet et ce poste ?
3. Quelles sont les tâches principales ?
4. Identifiez les connaissances, les capacités, les aptitudes, les traits de personnalité, les motivations nécessaires pour réaliser les tâches associées à ce poste.
5. Quelles sont les qualités les plus importantes pour exécuter chaque tâche ?

---

13 Source: St-Pierre, Patricia. *Entrevue d'emploi: Conseils, trucs et stratégies.* Sainte-Foy, Québec: Septembre éditeur, 2006.

14 Source: Marcil-Denault, Eveline. « En quoi consiste les processus de sélection de nos jours? » *Du CV à l'embauche.* Outremont, Québec: Editions Québecor, 2005. pp. 51-66.

Questions

1. En réfléchissant aux compétences requises selon St-Pierre, donnez un exemple qui démontre chaque compétence.

2. Imaginez que vous êtes à la tête d'une agence de rencontres. Que feriez-vous pour former des couples heureux ? Discutez avec un partenaire le procédé que vous emploieriez. Est-ce que votre stratégie serait différente si vous étiez chasseur de têtes pour une agence d'emploi ?[15] Que feriez-vous pour lier le bon candidat avec la bonne entreprise ?

3. À votre avis, comment peut-on savoir en détail les tâches d'un poste, au delà de ce qui est indiqué dans l'annonce ?

4. Réfléchissez à quelles capacités il faut avoir pour travailler dans le service clientèle, surtout si le travail est fait par téléphone. Faites une liste.

Activité

Faites une liste des tâches pour les postes suivants. Faites de la recherche si vous ne savez pas déjà ce qui est demandé.

- un analyste financier
- un représentant de service clientèle
- un attaché international
- un commissionnaire en douane
- un agent de relations publiques
- un architecte
- un réceptionniste
- un instituteur
- un conseiller en gestion
- un conseiller d'orientation

---

15   headhunter

Traduire votre formation

Pour compléter votre profil, vous devez pouvoir parler de vos études et de leur équivalence dans le monde francophone. Consultez le tableau des équivalences par rapport au système éducatif français.

Activité

Essayez d'identifier un équivalent dans votre pays pour chaque diplôme ci-dessous.

Diplôme	Âge moyen	Quand	L'équivalent
Baccalauréat	17 à 19 ans	fin des études secondaires	
Licence	19 à 22 ans	après 3 ans d'université	
Master	22 à 23 ans	après 4 ans d'université	
Doctorat	24 à 29 ans	après au moins 7 ans d'université	

Consultez le site de l'Éducation Nationale en France à http://www.education.gouv.fr/ (cherchez spécifiquement « éducation supérieure, diplômes ») pour plus d'informations concernant chaque diplôme universitaire.

La Formation en France

Voici une liste des formations générales en France:

- Licence: 3 ans après le baccalauréat, possible dans presque toutes les disciplines
- Master : Bac+5 ou 2 ans après une licence. M1 = première année, M2 = 2^e année
- Doctorat : Bac+8 ou 3 ans après un master. C'est une formation en recherche et innovation.
- Classes préparatoires aux grandes écoles (C.P.G.E.) : Bac+2 ou Bac+3. C'est une formation pour les concours d'entrée dans les grandes écoles et les écoles d'ingénieurs. On poursuit ces études dans un lycée après l'acceptation du dossier par le chef d'établissement.
- Grandes écoles : moins de 5% des étudiants auront la possibilité de poursuivre des études dans une grande école. Elles existent surtout pour les études en sciences et en affaires.

Il existe aussi quelques diplômes professionnels en France:

- Licence professionnelle
- Master professionnel
- Brevet de technicien supérieur (B.T.S.)
- Diplôme universitaire de technologie (D.U.T.)
- Institut universitaire professionnalisé (I.U.P.)
- Programmes pédagogiques nationaux

Depuis 1998, le système européen de l'enseignement supérieur (le processus de Bologne) est en place en France. Il est possible que vous rencontriez des personnes en France ou du monde francophone avec des diplômes de l'ancienne gradation, alors, voici une liste de ces anciens diplômes:

Filière générale

- DEUG (Bac+2)
- Licence (Bac+3)
- Maîtrise (Bac+4)
- Diplôme d'études approfondies (DEA) (Bac+5)
- Doctorat (Bac+8)

Filière technique et/ou professionnelle

- Licence professionnelle (Bac+3)
- MST Maîtrise des Sciences et Techniques (Bac+4)
- MSG Maîtrise des Sciences de Gestion (Bac+4)
- DEST Diplôme d'études supérieures techniques (Bac+4)
- DESS Diplôme d'études supérieures spécialisées (Bac+5)
- DRT Diplôme de recherche technologique (Bac+6)

> ### Chiffres clés
>
> Selon le Ministère de l'Enseignement Supérieur et de la Recherche, en 2007:
>
> - 10 700 thèses de doctorats ont été soutenues en France métropolitaine et DOM.
> - 6 sur 10 thèses de doctorats soutenues en sciences
> - 42% des doctorants étaient des femmes.

Activité 1

Faites de la recherche sur le système des « Grandes écoles » en France. Lesquelles sont les plus connues ? Que doit-on faire pour y entrer ? Quels sont les avantages de ce système ? Y a-t-il des inconvénients ? Quelle est leur équivalence en anglais ? Existe-t-il un tel système dans votre pays ?

Activité 2

Lisez la partie « formation » des candidats suivants et essayez de traduire leurs diplômes de manière à ce qu'ils correspondent au système éducatif de votre pays.

A. Paul Brunel

Septembre 1998: Doctorat en Neurosciences, Université de Provence, Aix-Marseille I, France.
1994 : Diplôme d'Études Approfondies, Université Paris XI, France.
1993 : Licence et Maîtrise de Sciences Cognitives, mention Neurosciences, Université de Provence, Aix-Marseille I, France.
1991 : Diplôme d'Études Universitaires Générales en Sciences de la Vie et de la Terre, Université de Provence, Aix-Marseille I, France.
1990 : Formation de masseur kinésithérapeute (équivalent de physiothérapie), Marseille, France

B. Malika Mammeri

2002-2008 : Préparation d'une thèse de doctorat en chimie et physique à l'Université des sciences et technologie Houari Boumediene (Alger, Algérie)
2002 : Diplôme d'études supérieures spécialisées (DESS) en chimie de l'Université M. Mammeri de Tizi-Ouzou (Algérie)
1997-2001 : Licence et Maîtrise de chimie de l'Université M. Mammeri de Tizi-Ouzou (Algérie)

C. Margot Pincer

1999 : Doctorat en Sciences Économiques, École des Hautes Études en Sciences Sociales (EHESS), Paris (France). Mention : Très honorable avec les félicitations du jury.
1993 : Diplôme de Statisticien Économiste, École Nationale de la Statistique et de l'Administration Économique (ENSAE), Paris (France).
1993 : Diplôme d'Études Approfondies (DEA) « Analyse et Politique Économique », École des Hautes Études en Sciences Sociales (EHESS), Paris (France).

Décoder une offre d'emploi[16]

Vous avez réussi à cerner votre profil et vos objectifs professionnels. Maintenant, vous pouvez chercher des postes qui correspondent à vos désirs.

Un employeur est obligé d'inclure certaines informations clés dans une annonce de travail. Par exemple :

- la fonction (quel est le poste ?)
- les exigences (quelles responsabilités aura-t-on dans ce poste ?)
- le lieu (où travaillera-t-on ?)

Parfois on y trouve aussi :

- la procédure de sélection
- le type de contrat (CDI, CDD, CNE)[17]
- le salaire (mensuel ou annuel. Même si le salaire y est annoncé, on peut toujours essayer de négocier)

D'autres éléments :

- les diplômes et le nombre d'années d'expérience (normalement les diplômes sont privilégiés en Europe)
- H/F (normalement la loi interdit la discrimination sur base du sexe, âge, état civil, race, origine, ethnie, conviction politique, philosophique ou religieuse)
- les langues exigées (français, anglais, néerlandais, etc.)

On peut vous demander de fournir des informations complémentaires telles que:

- des tests psychologiques
- une lettre manuscrite, c'est-à-dire, écrite à la main (seulement sur demande du recruteur)
- copies de diplômes
- une photo (En France, c'est la norme d'inclure une photo sur le CV)

Les Francophones utilisent beaucoup de sigles (abréviations) dans les annonces. Essayez de décoder les sigles suivants en utilisant les clés contextuelles dans les annonces ci-dessous ou consultez www.sigles.net pour déterminer les réponses.

H/F	ERP/ GPAO	PACA
CDI, CNE, CDD	ONG	RH
CV + LM	IDF	

---

16   Source: « Information obligatoire dans une annonce » http://www.references.be/art3273 (30 June 2010)

17   CDD : Contrat de durée déterminée, CDI : Contrat de durée indéterminée, CNE : Contrat Nouvelle Embauche

formation :

Bac + 2, Bac + 5,	DEUG
BTS	Maîtrise LEA
CAP	DUT
DESS	GEA
ESC, ESTACA, INSEEC (établissements)	

D'autres mots souvent utilisés :

un stage
les outils bureautiques (Access et Excel)

Activité 1

Lisez les annonces ci-dessous ou trouvez quelques annonces qui vous intéressent en utilisant des moteurs de recherche en ligne, et faites une liste des mots récurrents que vous ne comprenez pas.

Activité 2

Répondez aux questions suivantes pour chaque annonce.

1. Quel est le poste proposé ?
2. Quel est le nom de l'entreprise ?
3. Que font-ils ? (Quel est le secteur d'activité ?)
4. Quel est le salaire proposé ?
5. Où se trouve le poste ?
6. Quel type et quel niveau d'éducation sont requis ?
7. Faut-il avoir de l'expérience ?
8. Quelles sont les tâches exigées dans ce poste ?
9. Quelle sorte de contrat est-ce que la société propose ?
10. Que faut-il envoyer pour postuler ?

Annonce 1 :

Working People
Formateur Anglais H/F   FR-LAN Villeneuve-lès-Avignon

Working People, premier réseau de recrutement hautes compétences (CDI, Intérim), recrute pour un de ses clients un Formateur Anglais H/F. Pour le client, vous serez chargé de la formation de groupes en anglais, et de la création et animation de modules.

Ce poste basé à Villeneuve-lès-Avignon (30) est à pourvoir rapidement pour une mission de longue durée. Le salaire est de 25 000 à 32 000 Euros, à négocier selon votre profil et expérience.

Formation Bac +2 à Bac + 5, et un minimum de trois ans d'expérience dans un poste similaire. Maîtrise de l'informatique, esprit indépendant, et sens d'organisation nécessaires.

Merci d'adresser votre candidature (uniquement CV format Word en pièce jointe) en précisant la référence de l'offre dans l'objet du mail à l'adresse suivante :

Informations complémentaires :

Région :   FR-LAN
Statut :   Temps plein, Intérim ou CDD
Niveau de poste :   Manager (Manager/Supervisor of Staff)
No de réf :   12785

Contact :

Working People
Confidentiel
cv.villeneuve@workingpeople.fr
2 Rue de la République
30400 Villeneuve lès Avignon
France
Tél: 04 90 25 61 33
Fax: 04 90 26 61 23

Annonce 2 :

Tempyvous met les personnes et les entreprises en contact. Une des plus grandes entreprises au monde dans le domaine du travail, Tempyvous consiste de 8 000 agences réparties dans 100 pays. Nous aidons au moins un million d'hommes et de femmes à trouver du travail dans tous les secteurs de l'économie chaque année.

TELEPHONISTE/RECEPTIONNISTE FR/ANGLAIS POUR NOTRE PARTENAIRE, UNE GRANDE ENTREPRISE D'EXPORTATION À LYON

Description de l'entreprise: Notre partenaire est situé à Lyon

Description de la fonction: Notre partenaire recherche un(e) téléphoniste/ réceptionniste bilingue Fr/Anglais pour un remplacement de congé de maternité. Vous accueillez les visiteurs, réceptionnez les appels téléphoniques et réalisez du travail administratif.

Profil: Vous avez de l'expérience comme réceptionniste /secrétaire et avez une bonne connaissance de Ms Office (Word, Excel,..).

Offre: Mission intérimaire (durée d'un an) au sein d'une équipe dynamique

Expérience :	* Débutant
	* de 1 à 6 ans d'expérience
Formation	* Bachelier à orientation professionnelle
	* Bachelier Académique
Langues	* Français
	* Anglais
Fonction	* Administration / Réceptionniste
Région	* Lyon FR-RHA
Secteur	* Industrie & Textiles
Type de contrat	* Durée déterminée
	* Intérim
Type	* Plein Temps

Intéressé: Envoyez-nous votre cv par mail à lyon.166@tempyvous.com. Vous pouvez poser votre candidature via email, téléphone, lettre et CV.

Nos coordonnées: Tempyvous Lyon

Janice Yamasouko
Place Bellecour - BP 2254
69214 Lyon cedex 02
France
Tél : 33 (0)4 72 77 69 69
Fax : 33 (0)4 78 42 04 32
E-mail: lyon.166@tempyvous.com

Numéro de référence: N'oubliez pas d'indiquer le numéro de référence de l'annonce dans votre lettre de motivation - 7809TEMPS

Annonce 3 :

FR-IDF-Roissy-en- France-Assistant RH spécialisé en mobilité internationale H/F

Bram Ressources Humaines recrute pour l'un de ses clients international, un **Assistant Ressources Humaines** spécialisé dans la gestion de l'expatriation, poste à pouvoir immédiatement.

En rejoignant l'équipe Ressources Humaines et Compétences, vous aurez comme principale mission la gestion des dossiers d'expatriation. Vous rédigerez les avenants, suivrez des démarches administratives et en tant qu'interlocuteur privilégié des expatriés vous les conseillerez et les assisterez sur toutes les questions d'ordre fiscal ou social. Votre grande polyvalence vous permettra aussi de contribuer au développement des ressources humaines sur site. Votre intérêt pour le développement RH sera très apprécié car vous serez amené à participer au recrutement (profils non cadre), à la formation interne, à la GPEC en relation avec les opérationnels et les managers.

Formation Bac+5 spécialisé RH, avec expérience dans la gestion de l'expatriation et de la mobilité internationale. Motivé, dynamique et rigoureux, faisant preuve d'adaptabilité. Anglais courant.

Informations complémentaires
Salaire : 32 000,00 - 36 000,00 EUR /an
Type de poste : Temps plein, CDI ou CNE
Référence : ASTP0178

Coordonnées du contact
rh@bram.fr
Bram Ressources Humaines
Tel : 01 01 77 77 40
Fax : 01 01 76 77 06

Activité 3

Profil du candidat. Pour chaque annonce, remplissez le profil du candidat selon les critères donnés.

Sexe :
Age :
Formation :
Langue(s) :
Expérience professionnelle :
Savoir-faire ou capacités :
Qualités :

Activité 4

Identifiez les tâches du poste que vous convoitez. Réfléchissez aux demandes d'un tel poste et faites de la recherche supplémentaire pour vous aider. Ensuite, identifiez quelles capacités sont nécessaires pour accomplir ces tâches. Enfin, identifiez vos compétences qui correspondent à ces tâches.

Activité 5

Voici une liste de quelques moteurs de recherche pour trouver un emploi. Consultez les sites pour identifier des postes qui vous intéressent. Si aucun poste ne vous intéresse, faites de la recherche en ligne pour identifier d'autres sites utiles pour votre recherche d'emploi.

www.monster.fr	(France)
www.pme-france.com/partenariat/regionjobs.php	(régions de France)
www.monster.ca	(Canada)
www.jobboom.com	(Canada)
www.references.be	(Belgique)
www.jobup.ch/	(Suisse)
www.afriquemplois.net	(Afrique)
www.offre-emploi-afrique.com/	(Afrique)

Dossier 1 : Les Offres d'emploi

Trouvez cinq annonces en français qui correspondent à votre profil et apportez-les en classe. Consultez des moteurs de recherche qui correspondent au pays ou au secteur d'activité qui vous intéresse. Vous pouvez également consulter directement le site Internet de l'entreprise qui vous attire. Ensuite, écrivez une annonce qui représente votre poste idéal. Indiquez pourquoi chacune des annonces trouvées et celle que vous avez écrite correspondent à votre profil. Ces annonces feront partie de votre dossier de candidature.

Faire du réseautage

Au Québec on considère que le marché visible représente seulement 20% des emplois, mais 80% des chercheurs d'emploi. Au contraire, le marché caché ou les postes qui ne sont pas annoncés, représente 80% des emplois et seulement 20% des chercheurs d'emploi. Pour découvrir ces postes sur le marché caché, il faut parler avec des gens que vous connaissez et avec ceux qui travaillent dans le métier ou dans l'entreprise qui vous intéresse. Cette stratégie, appelée « le Networking » en France, se traduit au Québec comme « le réseautage ».

Votre réseau de contacts consiste en plusieurs branches : vous disposez des réseaux familials, professionnels, communautaires, indirects et sociaux. Il y a également un réseau de services qui pourrait vous aider. Pour accéder au marché caché, il faut savoir précisément quelle sorte de poste on veut avoir.

Le Réseau de connaissances et d'affaires[18]

MC2 Expérience Stratégique au Québec propose un cheminement spécifique pour un premier contact téléphonique.

1. Situez votre interlocuteur sur votre profil professionnel :
    *   Objectif(s) d'emploi et marché(s) cible(s)
    *   Résumé des compétences (vous référer à votre carte de présentation)
2. Appelez la personne par son nom et demandez des renseignements concernant :
    *   les possibilités d'emploi dans son réseau de connaissances et d'affaires
    *   les personnes qu'elle peut vous faire rencontrer ou avec lesquelles elle peut vous mettre en contact
3. Tentez de recontrer votre interlocuteur afin de :
    *   lui remettre votre curriculum vitae et votre carte de présentation
    *   lui donner de plus amples renseignements sur vos habiletés et compétences par rapport à votre objectif d'emploi

NOTE : Notez bien la date, l'heure et l'endroit de votre rendez-vous et après, n'oubliez pas de remercier votre interlocuteur.

---

18 Source: slightly adapted from « Le Réseau de connaissances et d'affaires, » MC2 Expérience Stratégique, p. 58, licensed

Si vous n'obtenez pas de rendez-vous :

- informez votre interlocuteur sur vos capacités et compétences pertinentes à votre objectif d'emploi afin qu'il soit mieux en mesure de détecter les possibilités d'emploi intéressantes

- n'oubliez pas de le renseigner sur vos coordonnées (ex. : envoi du CV par courriel) et de démontrer votre intention d'en faire le suivi

4. Préparez la rencontre de la manière aussi professionnelle que pour une entrevue d'emploi :

- en lisant et en répondant, verbalement ou par écrit, aux 40 questions d'entrevue

- en apportant avec vous des copies de votre CV et de votre carte de présentation

- en préparant d'avance des questions pertinentes à poser à votre interlocuteur

- en précisant le suivi à effectuer avec cette connaissance

  (par exemple : choisir avec votre interlocuteur une date de rappel pour lui reparler de vos démarches)

NOTE : Il est primordial de faire des suivis.

L'Efficacité du réseau de connaissances et d'affaires[19]

Voici quelques questions qui vous permettront de vérifier l'efficacité de votre réseau de connaissances et d'affaires :

- Quelles sont vos principales catégories de réseaux de connaissances et d'affaires dans votre recherche d'emploi ?

- En moyenne, quel est le nombre d'individus ou d'organismes qui composent vos catégories de réseaux de connaissances et d'affaires ?

- En général, les objectifs quant au nombre de contacts à développer ont-ils été atteints ?

- Est-ce que les moyens choisis pour communiquer avec les membres de votre réseau ont favorisé les contacts prévus ?

- Vos attentes vis-à-vis des membres de votre réseau sont-elles claires et précises ?

- De quelle façon utilisez-vous les informations ou les contacts qui proviennent de votre réseau ?

- Les échanges d'informations que vous recevez au sein de chacune des catégories de votre réseau de contacts sont-ils, à votre avis, en nombre suffisant ?

- Effectuez-vous un suivi auprès des membres de votre réseau ?

---

19   Source: slightly adapted from « L'Efficacité du réseau de connaissances et d'affaires, » MC2 Expérience Stratégique, p. 59, licensed. My activity.

Activité

Essayez de définir votre réseau de contacts. Ensuite, discutez les questions qui correspondent à votre recherche de travail avec un partenaire. Est-ce que vous consultez votre réseau ? Si oui, est-ce que cela vous a aidé ? Si non, qu'est-ce qui vous empêche de faire du réseautage ?

La Rencontre d'information[20]

La rencontre d'information et l'appel de prospection sont moins pratiqués en France qu'en Amérique du Nord. Selon le livre *S'Installer au Québec*, les Nord-Américains sont plus accoutumés à parler avec les gens au sujet de leur travail et ce n'est pas une grosse intrusion tandis qu'en France cette activité peut être mal vue.

Buts[21]

1. Élargir votre réseau de connaissances et d'affaires
2. Dénicher de l'information sur votre secteur d'emploi, l'entreprise visée, le type de recrutement, les possibilités d'embauche, etc.
3. Vous faire connaître par les personnes clés

Comment s'y préparer ?

- Se documenter sur la compagnie que vous souhaitez visiter (site Internet de l'entreprise)
- Préparer une liste de questions à poser telles que :
  - Qu'est-ce qui différencie l'entreprise de ses concurrents ?
  - Quel est son marché (clientèle, territoire, filiales, produits…) ?
  - Quels sont ses projets de développement ?
  - Quelles sont les valeurs et la mission de l'entreprise ?
  - Quel est l'historique de l'entreprise ?
  - Quelle est l'organisation du travail (nature des tâches, fonctions, matériel/équipement utilisé, logiciels…) ?
  - Quelles sont les exigences minimales d'entrée (scolarité, expérience, langues, connaissances informatiques …) ?
  - Comment recrutent-ils généralement leurs candidats ?
  - Votre interlocuteur peut-il vous suggérer des pistes d'emploi, des personnes à rencontrer susceptibles d'avoir besoin de compétences comme les vôtres ?

---

20 En France on dirait plutôt un rendez-vous ou un entretien.

21 Source: slightly adapted from « La Rencontre d'information, » MC2 Expérience Stratégique, p. 60, licensed. My activities.

Note culturelle

En Amérique du Nord, envoyez une lettre de remerciement à la suite de votre rencontre pour le temps accordé et les informations reçues.

Si vous arrivez à faire une telle rencontre en France, envoyez une lettre de remerciement pour l'aimable considération, l'attention apportée, ou l'intérêt que la personne vous a porté.

Activité

- Préparez une liste de questions que vous pourriez poser lors d'une rencontre d'information avec quelqu'un qui travaille pour une entreprise qui vous intéresse. Quelles sortes d'informations voulez-vous obtenir et pourquoi ?

- Quelles informations pouvez-vous trouver par Internet et lesquelles viendront plus facilement d'un individu qui travaille au sein de l'entreprise ?

L'Appel aux employeurs

Avant d'appeler des employeurs potentiels, il faut bien réfléchir aux informations que vous désirez obtenir et savoir comment vous voulez vous présenter. Comment pouvez-vous laisser une impression positive lors d'un appel ?

Une fois votre objectif clarifié, il faut réfléchir aux stratégies que vous pouvez employer pour parler avec la bonne personne et pour obtenir le résultat voulu. Selon l'article, « Comment prendre rendez-vous directement avec la bonne personne? » de references.be[22], il faut toujours obtenir des informations sur l'entreprise avant d'essayer de prendre contact. Tout d'abord, il faut savoir à qui vous voulez parler. Qui va pouvoir vous aider le plus rapidement à atteindre votre objectif ? Si vous voulez savoir à qui proposer votre CV pour une candidature spontanée, ou si vous cherchez à proposer un partenariat, vous devez chercher les bonnes coordonnées avant d'appeler.

Pour une candidature vous pouvez

- contacter les services pour l'emploi qui ont des informations pour certaines entreprises
- participer aux salons professionnels pour rencontrer directement les représentants d'une entreprise ou pour obtenir plus d'informations
- consulter des sites Internet de l'entreprise qui vous intéresse. Cherchez la section « contactez-nous » !

---

22 Source: « Comment prendre rendez-vous directement avec la bonne personne? » http://www. references.be/art35599# (5 July 2010).

Quand vous êtes prêt à entrer en contact avec la bonne personne, il faut réfléchir à votre attitude et à l'objectif de votre appel.

Quelles sont les attitudes à adopter au téléphone ?[23]

- Soyez bref et précis avec votre interlocuteur
- Garder en tête que votre but est de rencontrer la personne
- Demeurez professionnel tout au long de votre démarche et conservez le sourire (cela peut s'entendre)
- Faites de la réceptionniste votre alliée

Quel est le but recherché ?

Établir un contact direct avec une personne pouvant avoir une influence sur votre recherche d'emploi

- afin d'obtenir une rencontre d'information visant une recherche d'information
- et/ou de lui soumettre une offre de service

Activité 1

En préparation pour l'appel, répondez aux questions suivantes.

Quelle est votre stratégie ?	Comment allez-vous le dire à l'employeur ?
solliciter une rencontre pour en savoir plus sur l'organisation avant d'envoyer votre CV	
solliciter une rencontre pour en savoir plus sur l'organisation et remettre votre CV en main propre à la fin de la rencontre	
solliciter une rencontre en vue d'offrir vos services et de remettre votre CV en main propre	
envoyer votre CV et, par la suite, solliciter une rencontre avec l'employeur pour échanger sur votre profil professionnel	

---

23   Source including the activity, slightly adapted from « L'Appel aux employeurs, » MC2 Expérience Stratégique, pp. 61-63, licensed

Activité 2

Maintenant, imaginez que vous tombez sur la personne indiquée lors de votre appel. Qu'est-ce que vous devez faire pour atteindre votre but ? Qu'est-ce que vous devez lui dire ?

La secrétaire ou la réceptionniste[24]

Les étapes	Quelle est votre stratégie ?
Obtenir le nom du responsable des ressources humaines ou d'une personne pouvant avoir une influence sur votre recherche d'emploi	
Tenter d'entrer en communication avec la personne désignée	

L'employeur

Inscrivez ce que vous voudriez dire à l'employeur en tenant compte des éléments suivants :

- la formule de politesse
- la présentation de votre profil professionnel (nom, études, expérience)
- le but de votre appel (voir les stratégies)
- lui proposer une date propice à une éventuelle rencontre ou à un éventuel suivi

_____

_____

_____

_____

_____

_____

Note : Lorsque l'employeur accepte de vous rencontrer, n'oubliez pas de prendre en note la date, l'heure et l'endroit précis de la rencontre. De plus, il est important de se rappeler que c'est vous qui avez pris l'initiative de cette rencontre ! Par conséquent, préparez-vous à cet entretien avec l'idée que vous devez initier et entretenir cet échange d'information avec l'employeur.

_____

24   Source: MC2 Expérience Stratégique, p. 62, licensed

Exemples de réponses aux objections[25]

Objections	Réponses
De la part de la réceptionniste : • Monsieur X n'est pas disponible. • Désirez-vous laisser un message ? • C'est à quel sujet ?	• Quel moment serait le plus approprié pour le rappeler ? • Non merci ! Je préfère le rappeler. Est-ce qu'il y a un meilleur moment pour le rejoindre ? • J'aimerais obtenir des informations de la part de Monsieur X.
De la part de l'employeur : • Rappelez-moi plus tard ! • Ça va prendre trop de temps. • Je n'ai pas d'emploi à vous offrir. • Ce n'est pas moi qui suis responsable de… • Je vais y penser.	• Préférez-vous que je prenne rendez-vous auprès de votre secrétaire ? • Pourquoi ne pas se fixer un rendez-vous tout de suite ? Si vous aviez un contretemps nous pourrions nous recontacter. • Soyez sans crainte, quinze minutes me suffiraient. Est-ce que cette semaine ou la semaine prochaine vous conviendrait ? • Je comprends. Ma démarche actuelle est de connaître précisément votre secteur d'activité pour ajuster mon plan de carrière. • Pourriez-vous me donner le nom de la personne susceptible de pouvoir m'aider dans ma démarche ? • Auriez-vous besoin de plus de précisions ? • Ma démarche vous semble-t-elle claire ?

Notes :

• Gardez en tête que cette démarche vous sera très utile
• N'oubliez pas que la réussite croît avec la pratique
• Choisissez un moment où vous vous sentez confiant pour effectuer l'appel

---

25 Source: slightly adapted from « Exemples de réponses aux objections, » MC2 Expérience Stratégique, p. 63 MC2, licensed. My activity.

Activité 3

Avec un partenaire, écrivez un dialogue entre la personne qui cherche du travail, la réceptionniste et/ou l'employeur, en suivant les exemples étudiés dans ce chapitre.

Questions pour connaître une organisation[26]

Voici une liste de questions potentielles pour vous aider.

1. S'agit-il d'une organisation publique ou privée ? Que pouvez-vous découvrir au sujet des propriétaires ?
2. A-t-elle récemment changé de main ou est-ce prévu prochainement ?
3. Quelle est sa structure ? Possède-t-elle des filiales, des divisions, des bureaux décentralisés, etc. ?
4. Combien compte-t-elle d'employés ? Dans combien de succursales sont-ils répartis ?
5. Quelles sont les personnes clés ? Qui siège au conseil d'administration ?
6. Quel est l'historique de cette organisation ? S'est-elle agrandie ou est-elle le résultat d'une acquisition ou d'un dessaisissement ?
7. Quelle est sa situation financière ?
8. Quels sont ses produits ou services ?
9. Qui sont ses clients et pourquoi choisissent-ils de faire affaire avec elle ?
10. Qui sont ses principaux concurrents et qu'est-ce qui la différencie des autres ?
11. Comment commercialise-t-elle ses produits ou services ?
12. A-t-elle émis des communiqués ou a-t-on écrit des articles à son sujet récemment ?
13. Que planifie-t-elle d'entreprendre sous peu ?
14. Comment les gens qualifient-ils sa culture ?
15. Quelle est sa réputation à l'égard du traitement de ses employés, clients, fournisseurs ?
16. Quelles œuvres de charité appuie-t-elle ?
17. Que lui trouvez-vous d'attirant ? Seriez-vous intéressé à y travailler ?
18. Quels seraient les inconvénients de travailler pour cette organisation ?

Activité 4

- Dans cette liste de questions, identifiez celles dont vous pouvez trouver la réponse par Internet.
- Lesquelles nécessitent une réponse personnelle et pourquoi ?

---

26 Source: slightly adapted « Questions pour connaître une organisation, » MC2 Expérience Stratégique, p. 66, licensed. My activity.

- Y a-t-il des questions dont la réponse est disponible par écrit, mais qui pourraient même être utiles de poser à une personne ? Pourquoi ? Quelles sortes d'informations supplémentaires pouvez-vous tirer d'une conversation avec un employé ?
- Pouvez-vous identifier d'autres questions à poser ?

Activité 5

Maintenant, utilisez ces questions pour créer le profil détaillé d'une entreprise qui vous intéresse (peut-être de celle que vous avez présentée lors d'un chapitre précédent). Est-ce que l'image de l'entreprise a changé lors de ces recherches supplémentaires ?

Pour aller plus loin

Regardez la vidéo « L'Art du networking : se faire des Relations » présentée par les Vidéos du Succès sur www.pullins.com/Hubbell/BusinessFrench[27].

Faites une rencontre d'information auprès d'une entreprise qui vous intéresse. Prenez des notes et faites un rapport à votre classe.

Prospecter par téléphone

Quand vous faites un appel de prospection, votre approche doit varier selon la personne avec qui vous parlez. Voici quelques objectifs, approches, et techniques pour vous aider.

La Standardiste[28]

1. Confirmez le nom, la fonction, l'adresse
2. Apprenez le nom de la secrétaire
3. Essayez d'obtenir le numéro de téléphone de votre personne cible
4. Demandez si cette personne est présente
5. Renseignez-vous sur le lieu du rendez-vous

Votre approche

1. Patient
2. Reconnaissant
3. Valorisant

---

27 Also available at http://www.youtube.com/watch?v=vgW5SPT8Y3k
28 Source: slightly adapted from « Prospecter par telephone, » MC2 Expérience Stratégique, pp.67-68, licensed.

La Secrétaire

1. Appelez-la par son nom
2. Présentez-vous
3. Précisez le motif de votre appel (vous voulez parler à madame X au sujet d'un projet Y ou …)
4. Mentionnez le nom de votre société
5. Dites que vous rappellerez si la personne n'est pas disponible

Votre approche

1. Poli
2. Déterminé (vous allez pouvoir joindre votre interlocuteur)
3. Reconnaissant

La Personne Cible

1. Présentez-vous
2. Indiquez le motif de votre appel
3. Détendez la conversation en restant positif
4. Mentionnez le nom de votre intermédiaire (qui a suggéré que vous parliez avec cette personne)
5. Posez une question qui entrainera un « oui » comme réponse
6. Indiquez une réalisation adaptée au besoin de l'autre personne
7. Terminez la discussion en obtenant une rencontre et confirmez le rendez-vous

Votre approche

1. Amicale
2. Sincère
3. Soyez attentif aux réactions de votre interlocuteur
4. Répondez aux objections sans débattre
5. Soyez prêt à changer vos plans

   ex. : envoyer un C.V., une lettre si on vous le demande, puis rappeler plus tard
6. Cherchez à obtenir un rendez-vous

Techniques

1. Si vous ne voulez pas recevoir un « non » en réponse, ne posez pas de question entraînant une réponse négative.
2. Écoutez le ton de la voix de votre interlocuteur et adaptez le vôtre en conséquence.
3. Écoutez le débit verbal de votre interlocuteur et employez le même.
4. Répondez aux objections en proposant des objectifs.
5. Terminez la conversation quand vous avez obtenu un rendez-vous.
6. Préparez autant de scénarios et d'entretiens que possible.
7. Entraînez-vous avec un ami.
8. Enregistrez vos exercices, écoutez-les plusieurs fois et repérez les passages à améliorer.
9. Évitez de téléphoner quand vous êtes de mauvaise humeur.
10. Choisissez le bon moment pour vous, et pour joindre votre interlocuteur si possible, avant de téléphoner.

Activité

N'oubliez pas que votre objectif principal lors d'un appel de prospection est d'obtenir un rendez-vous avec la personne cible pour éventuellement décrocher un poste. Imaginez trois scenarios différents qui pourraient arriver lors d'un appel de prospection. Ensuite, suivez les étapes 7 et 8 : entraînez-vous avec un partenaire et enregistrez vos exercices.

Activité orale: Faire un appel de prospection

En classe vous allez faire un appel (simulé) à l'entreprise qui vous intéresse au sujet d'un poste qui correspond à votre profil. Assurez-vous de parler à la bonne personne, et essayez de prendre rendez-vous, de trouver plus d'informations sur le poste à pourvoir, ou de décrocher un entretien d'embauche.

P1 :   personne qui cherche le travail
P2 :   réceptionniste, secrétaire ou personne cible[29]

Vous pouvez utiliser vos notes, votre CV, une liste de questions, etc. mais vous n'avez pas le droit de lire un scripte ou de lire votre conversation. Gardez l'air naturel.

Vous serez évalué selon les critères suivants : réalisation de la tâche, compréhensibilité, vocabulaire et structures, et prise en compte de la culture.

_____

29   Il est possible de faire cet exercice avec 3 personnes.

Visionnement : Careego « Stratégies de réseautage »

Quand vous cherchez du travail, il faut savoir s'appuyer sur votre réseau pour découvrir le marché caché. Votre réseau consiste de toutes les personnes que vous connaissez, au niveau professionnel et personnel, qui peuvent éventuellement vous aider à décrocher un entretien ou trouver un poste dans un métier qui vous intéresse. Quand vous faites du réseautage, vous devez savoir vous présenter pour laisser une bonne impression à votre propos.

Une agence canadienne, Careego : Gestion active de votre carrière[30], présente les « Stratégies de réseautage » pour vous aider à développer votre réseau. Regardez la vidéo sur le site www.pullins.com/Hubbell/BusinessFrench et répondez aux questions qui suivent.

Questions

1. Que faut-il faire avant de commencer le réseautage ?
2. Quelle est la première étape ?
3. Pourquoi est-ce important de savoir quelle sorte d'informations vous recherchez ?
4. Quels genres de choses est-ce qu'on peut chercher lors du réseautage ?
5. Quelles sortes d'informations précises peut-on demander ?
6. Que doit-on faire pendant la deuxième étape ?
7. Qui constitue le réseau ?
8. Pourquoi est-ce qu'on conseille de garder un esprit ouvert pendant le processus ?
9. A qui doit-on parler pendant le réseautage ?
10. Quelle est la troisième étape ?
11. Quelles sortes de choses pouvez-vous demander des gens ?
12. Pendant la quatrième étape, on dit que le réseautage est un processus _____.
13. Quelles sortes de choses est-ce que vous pouvez offrir en retour ?
14. Quand on exécute la stratégie de réseautage, c'est un processus qui demande beaucoup _____ et _____.
15. Quel pourcentage de postes provient du marché caché (celui découvert par le réseautage ?)
16. Quels sont les trois éléments nécessaires pour avoir du succès lors du réseautage ?

---

30 Original link: http://www.careego.com/CareerResources/CareegoVideos/Networking/tabid/258/language/fr-CA/Default.aspx. Used with permission from Careego.com. Also available at http://www.youtube.com/watch?v=LrCH9eb-dCI&feature=related (27 August 2010).

Après avoir regardé

Réfléchissez à votre réseau personnel et professionnel. Qui comprend votre réseau ? Comment pouvez-vous élargir votre réseau ? Identifiez des personnes qui font partie de votre

- réseau familial
- réseau professionnel
- réseau communautaire
- réseau indirect
- réseau social
- réseau de services

Pour aller plus loin

Lisez l'article « In France, the Heads No Longer Roll » par Nelson D. Schwartz et Katrin Bennhold dans le New York Times (17 February 2008) pour faire une analyse interculturelle des grandes entreprises et de l'élitisme.

Chapitre 4

Le Curriculum Vitae

Le curriculum vitae ou CV, comme son nom l'indique, résume la vie professionnelle d'une personne sur quelques feuilles de papier. C'est une étape essentielle dans la recherche d'un emploi qui peut présenter plusieurs difficultés de traduction et d'intégration au format pour l'étranger. Le seul et unique but du CV est de décrocher un entretien. Il faut que le fil conducteur soit clair dans le CV pour qu'un employeur potentiel puisse voir le lien entre le poste que vous demandez et les expériences que vous avez eues.

Vocabulaire pour le curriculum vitae

un accomplissement (fr)	accomplishment
les atouts, *m.pl*	advantages, assets
les bourses, *f.pl*	scholarships
un canevas (qb)	template
cerner	to define
les communications, *f.pl*	talks, presentations
les compétences, *f.pl*	abilities, skills, knowledge
les coordonnées, *f.pl*	contact information
le courriel (qb)	email address
un curriculum vitae (CV)	curriculum vitae (long form of a resume)
déceler	to detect
les distinctions, *f.pl*	prizes, awards, honors
divers, *adj.*	other
les domaines de compétence, *m.pl*	fields of knowledge
embaucher	to hire
l'état civil, *m.*	civil status
une enquête	survey
la formation	education
les langues, *f.pl*	languages
une maquette	template
un niveau	level
l'objectif, *m.*	objective
un ordre professionnel	professional organization or association
postuler	to apply
les prix, *m.pl.*	awards, distinctions
les réalisations, *f.pl* (qb)	accomplishments
les références, *f.pl*	references
une réussite	success
un sondage	survey
un suivi	follow-up

Quelles sont les préférences des employeurs pour le CV ?

Exemple du Québec

Selon un sondage[1] du Service de placement de l'Université Laval, les employeurs ont certaines préférences en ce qui concerne la présentation du CV.

Tout d'abord, 75% des employeurs disent qu'ils préfèrent recevoir le CV par courriel. À la question, « Acceptez-vous de parler directement aux candidats ? », 82% des employeurs interrogés répondent positivement parce que cela leur permet de

---

1   un sondage = une enquête (a survey)

vérifier l'aisance à communiquer, de cerner[2] l'intérêt du candidat, et de déceler[3] les candidats potentiels. 37% acceptent de voir les candidats qui arrivent sans rendez-vous, tandis que 63% refusent. Les employeurs disent qu'ils n'ont pas le temps de discuter avec un candidat imprévu ou que cette visite est inutile s'ils ne sont pas en recherche de candidat.

Quand on demande aux employeurs s'ils apprécient un suivi téléphonique[4] de la part des chercheurs d'emploi, 72% répondent par l'affirmative parce que cela démontre une motivation du candidat.

En parlant des préférences pour le format du CV, 31% des répondants préfèrent le CV chronologique (ou anti chronologique), 15% préfèrent le CV par compétence (ou CV thématique), et 30% disent qu'ils préfèrent un CV court (de moins de 3 pages). Les CV qui ne correspondent pas à leurs exigences sont ceux qui sont trop longs (4 pages et plus), contenant des informations non pertinentes (telles que les études secondaires), des dates illogiques ou des fautes de français (même quand elles sont corrigées avec un correcteur liquide). Il est également déconseillé de présenter un CV trop court qui donne l'impression que le candidat n'a pas d'expérience ou de capacité pertinente.

Est-ce que les employeurs lisent la lettre de présentation[5] ? 93% disent que oui parce que cela leur permet de cerner les intérêts du candidat et d'observer s'il s'agit d'un envoi de masse ou si c'est personnalisé. La lettre sert parfois à choisir entre deux candidats. Pourtant, quand on demande aux employeurs s'ils éliminent un CV qui parvient sans lettre, 70% répondent que non.

Questions

1. Selon l'enquête du Service de placement de l'Université Laval, quelle est la meilleure manière d'envoyer votre CV ?

2. Quel est le format préféré pour le CV ?

3. Combien de pages sont trop, selon les employeurs interviewés ?

4. Qu'est-ce qu'il faut éviter dans votre CV ?

5. Est-ce qu'il faut contacter l'employeur après avoir envoyé le CV ? Pourquoi ou pourquoi pas ?

6. Est-ce que vous devez vous présenter à l'employeur sans rendez-vous ? Pourquoi ou pourquoi pas ?

7. Pourquoi la lettre de présentation est-elle importante ?

8. Quel est le pourcentage d'employeurs qui lisent un CV qui leur parvient sans lettre accompagnatrice ?

---

2   cerner = to define

3   déceler = to detect

4   un suivi = follow-up

5   Au Québec on préfère le terme « lettre de présentation » pour parler de la lettre qui accompagne le CV. En France, on dirait plutôt « lettre de motivation », ou « lettre de candidature ».

Le « resume » américain et le CV français

Avant de lire

I. Discutez les questions suivantes :

1. Avez-vous déjà écrit un CV ? Pour quelle raison ?
2. Quelles sont les parties principales d'un *resume* ?
3. Quelles informations personnelles y met-on ?
4. Quelles informations vont en tête du document ?
5. Et lesquelles se placent en bas ?
6. Combien de pages peut-on utiliser pour son *resume* ? Pourquoi ?

II. Créez rapidement un *resume* typique et indiquez la structure générale.

1. Quelles sont les différentes sections ?
2. Dans quel ordre met-on les expériences professionnelles?
3. Où met-on les dates ?
4. Combien de pages a-t-il ?

III. Écrivez votre *resume* en anglais.

IV. Discutez la situation suivante :

> Votre ami sénégalais Mustapha va chercher du travail aux États-Unis l'année prochaine. Expliquez-lui ce qu'il doit inclure et exclure dans son *resume*. Dites-lui quelles informations sont les plus importantes et pourquoi. A votre avis, qu'est-ce qui est plus important, l'éducation ou l'expérience professionnelle ? Pourquoi ?

Lecture

Pour vous préparer à écrire votre CV en français, vous regardez deux CV de vos camarades de classe. L'un appartient à un camarade français Jean-François Lalande, et l'autre à une américaine, Mary Smith.

Tout d'abord, lisez le *resume* de Mary en anglais et répondez aux questions de la partie I. Ensuite, lisez le curriculum vitae de Jean-François et répondez aux questions de la partie II.

Mary Smith's Resume

Mary Smith
123 Terrace Drive
White Plains, NY 10601
(914) 213-5432
marysmith@smith.net

Objective: Marketing position in fashion industry

Education: Master en affaires (MBA), Université de Toulouse

B.A. in French, Truman State University, Kirksville, MO
May 2010

Experience:

2007-2009   Sales Representative, The Gap, White Plains Mall
assisted clients, completed inventory, financial transactions

2005   Summer Intern, Prada, NY
courier, secretarial work, planning for fashion shows

2002-2005   Receptionist, ManPower Temporary Agency, St. Louis, MO

Related Coursework:
Business French, Fashion merchandizing, Introduction to fashion design.

Honors and Activities:
French Club President
Pi Delta Phi member
Phi Kappa Beta honorary society member

Skills:

computer: Dreamweaver, basic web design, blog maintenance, Excel,
PowerPoint, Word, type 60 words/minute

languages: English – native, French – high-intermediate, Spanish – novice

References available upon request

Le Curriculum Vitae de Jean-François Lalande

Jean-François LALANDE
25 rue Chabrol
92001 Robinson, France
01.00.00.00.01
jflalande@lalande.net

Date de naissance : 24 avril 1984
État civil : célibataire
Nationalité : français

ASSISTANT DE MAGASIN

DOMAINES DE COMPETENCES

Commercial   Conseils clientèle
                  Évaluation des besoins et suggestion de produits et de services adaptés
                  Tenue de caisse et règlement des retours

Management   Encadrement et animation des équipes
                  Contrôle des tâches

Gestion Gestion des stocks et des commandes
                  Inventaire
                  Préparation des commandes en vue du réapprovisionnement
                  des réserves

EXPERIENCES PROFESSIONNELLES

Depuis avril 2010   BOUTIQUE ARNAUD (Prêt-à-porter hommes, femmes,
                         enfants)
                         Assistant de Magasin
                         +7% des objectifs, Participation au choix de la collection,
                         Organisation et gestion des plannings des vendeurs, Vente et
                         conseil à la clientèle, Tenue de caisses, Préparation de soldes

2008-2010	DUO DECO
	Assistant de magasin
	+6% des objectifs, Responsable du rayon « cuisine », Conseil et vente à la clientèle, Préparation des soldes

2007-2008	TAM-TAM (Prêt-à-porter femmes)
	Vendeur
	Sélection des collections, Achat et gestion des stocks, Conseil et vente à la clientèle

FORMATION

2010	Maîtrise en affaires, Université de Metz
2008	BTS Action Commerciale (Mention Bien)
2006	Stage de formation « la vente dans un prêt-à-porter »
2005	Baccalauréat professionnel VAM, Lycée Pierre Curie - Metz

LANGUES

Anglais et français courants
Suivi de cours particuliers d'espagnol

ATOUTS

Goût du challenge, esprit d'adaptabilité

DIVERS

Passionné de mode
Moniteur de tennis
Voyages : Maroc, Tunisie, Egypte, États-Unis
Informatique : Word, PowerPoint, Excel

Après avoir lu

I. Questions sur Mary Smith's Resume

1. Quelles informations sont en tête du *resume* de Mary ?
2. Combien de postes a-t-elle inclus dans son *resume* ?
3. Quelles sont les catégories principales?
4. Comment a-t-elle organisé son expérience professionnelle et sa formation (du plus ancien au plus récent – chronologique, du plus récent au plus ancien – anti-chronologique, ou de manière thématique) ?
5. Elle présente ses informations sur combien de pages ?

II. Questions sur le Curriculum Vitae de Jean-François Lalande

1. Quelles informations sont en tête du curriculum vitae de Jean-François?
2. Combien de postes a-t-il inclus dans son CV?
3. Quelles sont les catégories principales?
4. Quel est l'ordre de ses postes et de sa formation (plus ancien au plus récent – chronologique, plus récent au plus ancien – anti-chronologique, ou est-il organisé selon les thèmes – thématique) ?
5. Il présente ses informations sur combien de pages ?

III. Questions de comparaison

1. Quelles différences remarquez-vous entre la formation et l'expérience de Mary et Jean-François? (Notez-en au moins 3.)
2. Quelles informations différentes sont présentées dans chacun des modèles ?
3. Comment peut-on expliquer ces différences ?
4. Pourquoi est-ce que Jean-François indique son âge, son état civil et sa nationalité ? Pourquoi est-ce qu'on évite ces informations en Amérique du Nord ?
5. Est-ce que l'expérience professionnelle et la formation de Mary et Jean-François sont comparables ? Expliquez.
6. Quelles sortes de choses sont inclues dans la partie « divers » sur le CV de Jean-François ? Pourquoi est-ce important ?
7. Quels sont les points forts du *resume* de Mary Smith ? Et les points forts du CV de Jean-François ?
8. Quels sont les points faibles du *resume* de Mary Smith ? Et les points faibles du CV de Jean-François ?
9. Quels conseils pouvez-vous offrir à Mary et Jean-François pour améliorer leur présentation ?

Le CV thématique ou le CV chronologique

Comme vous le savez par votre propre expérience et les exemples de Jean-François et Mary, les curriculums vitae ne sont pas tous semblables. Il y a, pourtant, deux formats préférés pour le CV : le CV chronologique et le CV thématique. Le contenu du CV chronologique (parfois appelé « anti chronologique ») est organisé du plus récent au plus ancien.[6] Le CV thématique (parfois appelé CV par compétence ou « fonctionnel ») présente les informations par catégories telles que les domaines de compétences, les expériences professionnelles, la formation, et les centres d'intérêts. On peut regrouper les expériences communes : enseignement, vente, informatique, etc. Pour les personnes qui ont des « trous » dans leur passé pour les raisons personnelles ou professionnelles, il est parfois recommandé de suivre un format thématique. Pourtant, on ne peut pas éliminer les dates. Il faut que le CV soit clair et ne laisse aucun doute à votre sujet pour l'employeur potentiel.

Au Centre de carrière vous consultez deux exemplaires de CV (ci-dessous). Le premier suit le modèle chronologique, et le deuxième est thématique.

Activité 1

Trouvez les informations suivantes pour chaque candidate :

1. Comment s'appelle-t-elle ?
2. Où habite-t-elle ?
3. Où a-t-elle étudié ?
4. Combien d'années d'expérience professionnelle a-t-elle ?
5. Quel âge a-t-elle ? Est-ce évident ?
6. Quelles langues parle-t-elle ?

Activité 2

Étudiez les modèles et répondez aux questions suivantes :

1. Quels sont les atouts et les inconvénients de chaque modèle ?
2. Lequel préférez-vous et pourquoi ?
3. Quel CV représente mieux les capacités de l'individu ?
4. Quel CV montre la continuité de l'expérience professionnelle ?

---

6   Il était jusqu'à récemment la pratique en France de donner les informations en ordre chronologique, ce qui veut dire du plus ancien au plus récent. Maintenant, on fait plutôt comme en Amérique du Nord, en commençant avec les informations les plus récentes. Tandis que cet ordre est strictement appelé « anti chronologique », aujourd'hui on dit « chronologique » pour parler des deux.

Joséphine GENEREUX
16 Avenue de la Cloche - n°12 - 75000 Paris
01.00.00.00.00 – 06.00.00.00.00
Josephine@email.fr
www.mon-site-web.com / Mobilité : France
célibataire / 28 ans / Nationalité française

OBJECTIF : Chef de Projet Multimédia

DOMAINES DE COMPÉTENCES

Photographie numérique et retouche d'image
Vidéos : montage, direction artistique, animation et effets spéciaux
Graphisme : création de logotypes
Connaissances informatiques : QuarkXpress, Dreamweaver, Flash,
Photoshop, Illustrator, Pagemaker, Microsoft Word

PRINCIPALES EXPÉRIENCES PROFESSIONNELLES

06/2005 - 07/2006   Graphiste Vidéo - Maximum Gaming
                       Réalisation de films en images de synthèse
                       Animation Modélisation 3D

12/2006 - 07/2008   Concepteur graphiste – Le Yaourt
                       Évaluation des besoins de la clientèle
                       Création des concepts, de la nature et du contenu des illustrations
                       Préparation de photographies et d'illustrations
                       Évaluation du coût de matériaux et estimation du temps requis

08/2008 - 07/2010   Chef de projet - Agence Francophilia
                       Gestion de Projet
                       Réalisation de CD rom Multimédia
                       Préparation du devis

FORMATION

2000-2001   Baccalauréat Art Plastiques, Lycée Colbert, Lyon
2001-2005   Écoles des Beaux Arts de Lyon

CENTRES D'INTÉRÊTS

Animation d'une émission hebdomadaire à la radio communautaire
Création des sites Web
Écriture sur les blogs
Participation aux salons de modélisme

Anita BETTELHEIM
5 Rue de la Rivière, appt. 9
Montréal, Québec
H3A 1Y1
téléphone à domicile : 1-514-000-000
téléphone portable : 1-514-000-000
courriel : anita@mail.com
site personnel : http://anita.blog.com

Objectif de travail
Travailler dans une entreprise dynamique où il me sera permis d'utiliser et de parfaire mes connaissances tout en participant au succès de l'entreprise.

Réalisations professionnelles
       * Réalisation d'activités de markcting direct.
             - acquisition de 1 200 clients
             - réalisation d'un chiffre d'affaires de 350 000 $
             - taux de réponse moyen de 5 %

       * Coordination d'activités de communications imprimées.
             - réalisation de dépliants et d'affiches
             - suivi des différentes étapes d'un projet de communication imprimée
             - communication entre les clients, l'agence, et l'imprimeur

       * Gestion de budgets pour les diverses campagnes de marketing direct.

       * Coordination des activités entre les clients internes et externes.

Qualités personnelles
       * sens du détail, organisation et planification, débrouillardise

Expériences professionnelles
       * Gestionnaire de projets de Marketing direct
        ProQuebec Marketing, Montréal, 2007-2010

       * Coordonnatrice aux communications imprimées
        Entreprise PDQ, Montréal, 2006

Études
       BAC en Marketing 2007-2006
       Université de Québec à Montréal
       Montréal
       (moyenne de A)

       DEC en Arts et lettres, profil Communication 2006-2003
       Cégep du Vieux-Montréal

Expériences supplémentaires
* Membre de l'Association de Marketing direct
* Français, anglais et italien (oral et écrit)
* Connaissance de la suite Office (Word, Excel, PowerPoint) et d'Internet.

Intérêts et loisirs
* Écriture sur les blogs
* Équitation
* Photographie
* Lecture

Références fournies sur demande.

Que mettre dans son CV ?

Avant de lire

Discutez les questions suivantes.

1. Quelles informations sont essentielles dans un CV ?
2. Quelles sont les catégories majeures d'un CV ?
3. Doit-on tout dire dans son CV ? Pourquoi ou pourquoi pas ?
4. Que doit-on éviter dans son CV ?
5. Dans quel ordre doit-on organiser son CV ?
6. Quels sont les atouts et les inconvénients d'un CV thématique (qui n'est pas organisé de manière chronologique, c'est-à-dire par dates, mais par compétences ou expériences) ?

Le format du CV et les éléments essentiels

Selon MC2, Expérience Stratégique, les informations nécessaires pour le curriculum vitae au Québec sont les suivantes :

I. Renseignements personnels[7]

* prénom et nom
* adresse complète

---

7   Adapted from « Curriculum Vitae, » MC2 Expérience Stratégique, p. 33, licensed

- numéro de téléphone
- courriel
- connaissances linguistiques et niveau (facultatif ; à inclure ici si le poste l'exige)
- ordre professionnel (facultatif)
- objectif professionnel ou résumé de compétences (facultatif ; pour mettre au clair le lien entre le poste cherché et l'expérience professionnelle)

En Europe francophone, il faut souvent inclure aussi les informations suivantes :

- date de naissance/âge
- nationalité
- état civil
- photo (sur demande)

Conseil :

- Si l'employeur demande une photo, choisissez une photo plutôt sobre.

II. Études

- titre du diplôme (études les plus pertinentes au poste ciblé)
  [titres en caractères gras]
- établissement d'enseignement et ville
- date de fin d'études

Astuce: Selon le document « Conseils sur l'Orientation Professionnelle »[8] de BEM Management School à Bordeaux, la réforme de l'université en Europe donne le schéma des diplômes suivant :

baccalauréat (fin des études secondaires)

Licence 1 (ex DEUG 1)

Licence 2 (ex DEUG 2)

Licence 3 (ex Licence)

> niveau bac +3

Master 1 (ex Maîtrise)

Master 2 (ex DEA / DESS)

> niveau bac +5

Doctorat

> niveau bac +8

III. Compétences spécifiques ou formation continue

- compétences en informatique
- connaissances linguistiques (à mettre avec le niveau de chaque langue, seulement si vous ne l'avez pas déjà indiqué sous « renseignements personnels »)

---

8   Source: BEM Career Center, careercenter@bem.edu. Consultez le Chapitre 3 « Traduire votre formation » pour une explication plus détaillée.

- cours de perfectionnement (ou formation continue)
- cartes de compétences,[9] permis, etc.

Conseil :

- Dans un CV par compétences ou thématique, on peut y inclure des phrases telles que « 5 ans d'expériences en … »

IV. Expérience professionnelle pertinente (titre singulier, mais plusieurs postes possibles)

- titre du poste à gauche (en caractères gras), entreprise, ville et durée de l'emploi (mettez les dates à droite pour ne pas mettre en valeur les trous)
- fonctions principales (mettre en évidence les tâches les plus pertinentes au poste ciblé)
- texte concis, lequel débute par des verbes d'action
- réalisation la plus importante en lien avec le poste ($, %, chiffre) (facultatif)

Conseils :

- On n'est pas obligé de tout mettre. Sélectionnez les informations selon le poste que vous désirez.
- Écrivez un texte concis qui débute par des verbes d'action (exemples : superviser, organiser, orienter, etc.)[10]
- Si vous avez un travail récent qui n'a pas un rapport avec le poste recherché, on peut le mettre en bas.
- Si vous n'avez pas d'expérience professionnelle, pensez à inclure des jobs intérimaires, vos stages ou vos séjours à l'étranger. Expliquez ce que vous avez appris au cours de ces expériences.

V. Autres expériences de travail

- titre du poste, entreprise, ville et durée de l'emploi
- énumération de tous les autres emplois qui constituent votre historique de carrière

VI. Activités et engagements sociaux

- activités qui démontrent votre leadership, sens de l'organisation, votre débrouillardise, votre engagement, etc., avec une brève description pour mieux situer l'employeur potentiel

VII. Bourses et distinctions (facultatif)

VIII. Communications et publications (facultatif)

---

9 Special certifications, etc.

10 Les verbes d'action sont utilisés en Amérique du Nord, mais en France on utilise plutôt les substantifs tels que « gestion », « responsable de », etc.

IX. Divers (facultatif)

Conseil :

- Incluez seulement les activités et les passe-temps les plus pertinents qui peuvent server dans votre nouvel emploi (par exemple, « jouer au foot » peut souligner votre capacité à travailler en équipe). Vos hobbys peuvent indiquer votre personnalité et sens d'équilibre.

X. Références fournies sur demande

Conseil :

- Demandez toujours la permission aux personnes qui vont vous servir de références avant de donner leur nom aux employeurs potentiels.
- Parlez avec eux de ce que vous avez fait et de ce que vous voulez faire pour rafraîchir leur mémoire.

Activité

Identifiez des informations personnelles et professionnelles que vous pouvez inclure dans chaque section du CV. Y a-t-il des trous ? Lesquels ? Que pouvez-vous faire pour compléter ces informations ? Y a-t-il des sections que vous voulez exclure ? Si oui, expliquez pourquoi.

Comment écrire son CV

Selon l'article « Curriculum Vitae » disponible sur le moteur de recherche du travail belge references.be[11], voici quelques astuces pour bien réussir votre CV.

- **Informations pertinentes.** Votre CV doit seulement contenir des informations pertinentes qui mettent en valeur vos points forts. Si vous cherchez un poste en publicité, par exemple, il ne faut pas nécessairement inclure vos expériences comme serveur ou serveuse dans le fastfood. Adaptez votre CV au poste que vous désirez.
- **Soyez bref.** Essayez de limitez votre CV à deux pages.
- **Soyez clair.** Trouvez une bonne organisation avec des rubriques claires (Études/Expérience professionnelle, etc.). Utilisez suffisamment d'espace vide pour que les informations soient faciles à lire. « Donnez envie au recruteur de le lire. »
- **Soyez concret.** Donnez des exemples précis pour soutenir vos qualités.
- **Style.** Choisissez des phrases courtes mais cohérentes. Utilisez le présent ou le futur au lieu du subjonctif ou conditionnel.

---

11   Source: « Curriculum Vitae, » http://www.references.be/art3251 (5 July 2010).

- **Évitez les fautes de frappe/d'orthographe**. Les recruteurs peuvent éliminer un candidat qui présente un CV plein de fautes, même si son expérience professionnelle est excellente. Relisez attentivement et corrigez votre CV avant de l'envoyer.
- **Soyez honnête.** Il ne faut jamais exagérez ou inventez des expériences. Même si cela vous semble innocent, cela peut provoquer de graves conséquences. (Imaginez si vous dites pouvoir parler italien et le recruteur teste vos connaissances lors d'un entretien.) De même, ne cachez rien. « Mentionnez explicitement les moments où vous n'avez pas travaillé mais avez utilisé votre temps à d'autres fins » (études, enfants, etc.).
- **Actif et positif.** Choisissez un vocabulaire dynamique et positif. Il ne faut pas souligner les aspects potentiellement négatifs de votre candidature.
- **Apparence**. Envoyez un exemplaire original à chaque fois. Évitez le papier froissé et des taches d'encre.
- **Envoi**. Utilisez la poste ou le courriel pour envoyer votre CV, mais ne l'envoyez pas par fax.

Avant d'écrire

Avant d'écrire votre CV personnel, identifiez les informations nécessaires.

- Quelles sont vos coordonnées (adresse, téléphone, courriel, etc.) ?
- Faites une liste de vos diplômes avec le nom de chaque établissement (Vous pouvez donner l'équivalence en français entre parenthèses si vous le jugez nécessaire pour le recruteur).
- Faites une liste des postes que vous tenez ou que vous avez tenus.
- Pour chaque poste, énumérez au moins trois tâches importantes. Réfléchissez aux capacités et qualités personnelles qui étaient importantes dans ce poste.
- Quelles autres capacités ou intérêts importants voulez-vous inclure dans votre CV ? Quelles sont vos connaissances informatiques, linguistiques, etc. ? Consultez la grille « Bilan personnel et professionnel » présentée en Chapitre 3.
- Trouvez une photo dans un format de passeport que vous pouvez utiliser pour votre CV si demandé. Choisissez une photo plutôt sobre et, surtout, professionnelle.

Écrire

Maintenant, remplissez le CV vierge en suivant le modèle.

CURRICULUM VITAE

Nom : _____

Prénoms : _____

Adresse : _____

Numéro de téléphone : _____

Adresse email : _____

État civil : _____

Date de naissance : _____

Nationalité :_____

Formation : (du plus récent au plus ancien)

_____

diplôme, établissement, spécialisation/sous spécialisation, certificats supplémentaires, année

_____

diplôme, établissement, spécialisation/sous spécialisation, certificats supplémentaires, année

Expérience professionnelle : (du plus récent au plus ancien)

_____

dates, titre du poste, établissement, responsabilités/fonctions

_____

dates, titre poste, établissement, responsabilités/fonctions

Divers

langues

    _____

    langue   niveau

    _____

    langue   niveau

informatique

    _____

    logiciels

passe-temps/loisir   (si vous participez à des activités significatives)

    _____

    activité

    _____

    activité

Activité 1

Vous cherchez du travail dans une entreprise où travaille actuellement votre camarade de classe. Téléphonez-lui et donnez-lui des informations pertinentes pour qu'il puisse parler de votre CV avec son patron. Votre partenaire vous posera aussi des questions et prendra des notes pour avoir des informations essentielles. Discutez en spécifique :

- vos renseignements personnels (nom, adresse, état civil, etc.)
- votre formation (diplôme, établissement, spécialisation/sous spécialisation, certificats supplémentaires)
- vos expériences professionnelles (titre du poste, nom de l'entreprise, fonctions)
- vos connaissances spécifiques (langues, informatique, etc.)

Activité 2

Vous êtes avec votre camarade de classe dans un café et vous parlez des différentes expériences indiquées sur vos CV. Identifiez au moins cinq différences (contenu, format, organisation, style, etc.). Avez-vous des points communs ?

Activité 3

Vous trouvez l'annonce ci-dessous et vous pensez postuler.

L'annonce[12]

Traducteur
Stage, MC2 Expérience stratégique
    2 place(s)
Supérieur immédiat : Coordonnateur

Description du stage : Sous la supervision du coordonnateur d'opérations, le traducteur doit traduire les différents documents de l'entreprise.

Descriptions des fonctions : En tant que traducteur, vous aurez l'occasion de traduire des documents de nature didactique et administrative provenant de tous les départements. Ainsi, vous ferez la traduction du français vers l'anglais et, à l'occasion, de l'anglais vers le français. De plus, vous aurez à utiliser différents outils linguistiques en ligne ainsi que le matériel en lien avec la traduction. À l'occasion, vous devrez aussi traduire des curriculum vitae et des lettres de présentation pour le Service de placement de l'Université. Votre expérience stratégique vous assurera de devenir plus compétitif sur le marché de l'emploi.

Exigences et qualifications :

- Être étudiant au baccalauréat, à la maîtrise ou au doctorat en terminologie et traduction ou traduction;

---

12   Source: « Traducteur » MC2 Expérience Stratégique, http://www.mc2.ulaval.ca/, licensed

- Avoir acquis au moins 45 crédits si vous êtes au premier cycle;
- Connaître la suite Microsoft Office (Word, Excel, PowerPoint).
- Être motivateur et motivé;
- Avoir un bon esprit d'initiative;
- Démontrer de la créativité;
- Être capable de bien gérer son temps;
- Avoir un excellent sens de l'organisation;
- Être capable de s'adapter à diverses situations;
- Désirer approfondir ses connaissances pratiques en traduction.

1. Quel est le profil idéal pour ce poste ? Remplissez le « profil du candidat ».

   Sexe :

   Âge :

   Formation :

   Langue(s) :

   Expérience professionnelle :

   Savoir-faire (capacités) :

   Qualités :

2. Quelle sorte d'expérience professionnelle conviendrait aux besoins de ce poste?

3. Maintenant, remplissez un CV vierge avec les informations de ce candidat idéal.

Activité 4

Votre camarade de classe a écrit son CV et elle vous demande de le regarder. Lisez le CV ci-dessous et répondez aux questions suivantes.

Questions

1. Quel est le format de ce CV ? (thématique, chronologique, anti chronologique)
2. Quel est le nom du candidat?
3. Quelles informations personnelles sont incluses ?
4. Combien de diplômes est-ce que la personne a obtenu ?
5. Dans quel ordre met-elle ses expériences professionnelles ?
6. Expliquez ce que « vendanges » veut dire.
7. Est-ce que cette personne a déjà commencé une carrière ?

Analyse

1. Qu'est-ce que cette personne a bien fait et qu'est-ce qu'elle peut faire pour améliorer son CV ?
2. Est-ce que vous pensez que le CV est semblable à celui d'un jeune étudiant dans votre pays ? Pourquoi ou pourquoi pas ?
3. Comparez votre CV à celui-ci. Quelles sont les différences ?

Muriel LAFAGE
5 Rue André Huot
51510 FAGNIERES
FRANCE
0612045790
19 ans

Formation
- 2002 : Obtention du brevet des collèges au collège Louis Grignon (Châlons-en-Champagne)
- 2005 : Obtention du baccalauréat économique et social (spécialité anglais) au lycée Jean Talon (Châlons-en-Champagne)
- 2005-2006 : Première année de licence d'anglais à l'université de Nancy 2
- 2006-2007 : Préparation au concours d'entrée en école d'infirmière

Expérience professionnelle
- 31/08/07 au 08/09/07 : Vendanges
- Septembre - octobre 2007 : Conditionneuse à Entrepot-dis (Vatry)
- Je fais du baby-sitting régulièrement

Langues
anglais : bon niveau
allemand : niveau correct

Loisirs
Lecture, cinéma, musique, voyages (plusieurs séjours en Angleterre ainsi qu'en Allemagne)

Activité 5

Étudiant A. Vous êtes un employeur et vous faites passer des entretiens téléphoniques. Pour vous aider, vous avez un curriculum vitae vierge (voir la page suivante) que vous voulez remplir pour le candidat. Posez les questions nécessaires au candidat pour compléter le CV.

Étudiant B. Vous avez un entretien téléphonique avec un employeur potentiel. Répondez aux questions de l'employeur selon votre CV.

CURRICULUM VITAE

Nom : _____

Prénoms : _____

Adresse : _____

Numéro de téléphone : _____

Adresse email : _____

État civil : _____

Date de naissance : _____

Nationalité :_____

[photo du candidat]

Formation : (du plus récent au plus ancien)

_____

diplôme, établissement, année

_____

diplôme, établissement, année

Expérience professionnelle : (du plus récent au plus ancien)

_____

dates, poste, établissement, responsabilités/fonctions

_____

dates, poste, établissement, responsabilités/fonctions

Divers

langues

_____

    langue   niveau

_____

    langue   niveau

informatique

_____

    logiciels

passe-temps/loisir   (si vous participez à des activités significatives)

_____

    activité

_____

    activité

Activité 6

Étudiant A. Vous et votre collègue avez fait passer des entretiens téléphoniques et un candidat en particulier vous intéresse. Malheureusement, vous êtes en voyage d'affaires et vous n'avez pas toutes les informations en main. Téléphonez à votre collègue et posez-lui des questions pour compléter le curriculum vitae du candidat.

Curriculum Vitae

Coordonnées

Nom   Pierre _____

Adresse   _____, 1700 Grand-Bigard, BELGIQUE

Téléphone   _____

E-mail   Pierre.Jacob@Jacobmail.com

Date de naissance   _____

État civil   _____

Formation

_____   _____ en Sciences sociales et commerciales
Mémoire : « L'influence des médias sur le comportement d'achat des jeunes »

1999-2005   Diplôme Latin-Maths, Collège Ste. Marie

Expérience professionnelle

_____   Août-décembre 2009
Département de publicité dans l'entreprise _____
Coordination de la communication externe
Contacts avec les clients et fournisseurs

Jobs de vacances   Juillet 2009   animateur de ski nautique, Club Med
_____ travail de classement aux archives nationales

Compétences

Connaissances linguistiques   Français, _____
_____, bonne maîtrise
_____, bonne maîtrise

Outils informatiques   Word, PowerPoint, _____

Informations supplémentaires

_____   planche à voile, ski nautique, plongée sous-marine

Caractère   _____, travailleur, débrouillard

Étudiant B. Vous et votre collègue avez fait passer des entretiens téléphoniques et un candidat en particulier vous intéresse. Votre collègue est en voyage d'affaires et n'a pas toutes les informations en main. Il vous téléphone pour vous poser des questions pour compléter le curriculum vitae du candidat.

Curriculum Vitae

Coordonnées
Nom   _____ JACOB
Adresse   5 Rue de la Rivière, _____
Téléphone   057.291.0021
E-mail   _____
Date de naissance   01/05/1990
État civil   marié

Formation
2005-2009   Licence en _____
                              Mémoire : « L'influence des médias sur le comportement d'achat des jeunes »

_____   Diplôme Latin-Maths, Collège Ste. Marie

Expérience professionnelle
Stage   Août-décembre 2009
                              Département de publicité dans l'entreprise GoBelgium
                              Coordination de la communication externe
                              Contacts avec _____

Jobs de vacances   _____ animateur de ski nautique, Club Med
                              Juillet 2007   travail de classement aux archives nationales

Compétences
Connaissances linguistiques   Français, langue maternelle
                              Anglais, _____
                              Néerlandais, _____

Outils informatiques   Word, _____, Excel

Informations supplémentaires
Loisirs   _____, plongée sous-marine
_____   honnête, curieux, travailleur, débrouillard

Pour aller plus loin

En écrivant votre CV, vous verrez probablement certains trous dans votre vie professionnelle ou un manque de connaissances requises. La tentation de mentir ou d'inventer des postes et connaissances peut se présenter dans ces moments d'incertitude. Mais, faut-il mentir dans son CV pour se vendre ?

Avant de lire

- Discutez les questions suivantes avec un partenaire :
- Quelle est votre attitude envers les mensonges ?
- Est-ce que cela vous arrive à mentir aux collègues ? Expliquez.
- Quand est-ce acceptable, à votre avis, de mentir ? Pourquoi ?
- Comment réagissez-vous quand vous découvrez que quelqu'un vous a menti ?

Lecture

Lisez l'article « Mentir dans votre CV », sur le site references.be à http://www.references.be/art3252.

Après avoir lu

Répondez aux questions de compréhension.

1. Expliquez l'attitude des trois chercheurs d'emploi. Pourquoi le premier et le deuxième sont tous les deux perdants ?
2. Donnez un exemple qui démontre qu' « un mensonge en provoque un autre ».
3. Quelles sont les conséquences de mentir dans son CV ?
4. Si vous êtes licencié à cause d'un mensonge dans votre CV, qu'est-ce que vous faites avec cette expérience quand vous cherchez votre prochain poste?
5. Quelle est « la morale de cette histoire » ?

Les Astuces pour faire ressortir votre CV[13]

Pour bien écrire son CV il existe quelques astuces utiles à considérer ainsi que des erreurs à éviter à tout prix.

Les employeurs reçoivent, surtout en temps de crise, des dizaines de CV tous les jours. Il faut, alors, savoir comment écrire un CV qui va ressortir du lot. Pour attirer l'attention du recruteur, il ne faut pas avoir peur de varier un peu le style de votre CV pour ne pas en avoir un qui soit trop « standardisé ». Vous répondez à une offre spécifique, alors, adaptez votre CV à cette offre. Si certaines compétences sont demandées pour le poste, mettez-les en évidence sur votre CV. Soulignez vos expériences professionnelles qui correspondent directement aux besoins du poste.

De même, il n'est pas utile d'inclure toutes les informations sur votre vie, surtout si ces informations ne correspondent à rien dans l'offre. Retirez les informations superflues pour bien cibler l'important. Quand vous mettez trop d'informations dans votre CV, vous risquez de perdre le recruteur dans les détails avant qu'il n'arrive aux expériences les plus pertinentes. Concentrez-vous sur les informations qui vous différencieront de vos concurrents. Vous pouvez toujours expliquer avec plus de détail lors d'un entretien d'embauche.

Ne soyez pas trop modeste. Postuler représente une compétition et le CV représente qui vous êtes, alors, utilisez-le pour mettre en valeur toutes vos qualités. Pour montrer qui vous êtes et ce qui vous distingue des autres candidats, vous pouvez dire en quelques lignes comment vous avez réussi un projet. Au lieu de faire une longue liste de tous vos passe-temps, expliquez-en un en détail.

C'est fatigant pour un recruteur de lire cinquante fois la même chose, alors, utilisez des synonymes et essayez de varier votre style tout en restant professionnel. Montrez votre personnalité et mettez-vous en valeur.

Malheureusement, il est impossible de vous distinguer si vous faites des fautes dans votre CV. Il faut, alors, éviter à tout prix certaines erreurs pour que votre CV ne soit pas jeté directement à la poubelle. A part la nécessité d'une bonne orthographe et une structure et organisation très claire, il y a certains autres pièges à éviter.

1. Vos objectifs ne sont pas clairs.
2. Vous indiquez de très anciennes connaissances (les logiciels qui ne s'utilisent plus, i.e. Windows 3.1.1)

---

13   Sources: « 5 astuces pour un CV percutant ». http://www.references.be/art35577 (27 Septembre 2009) « 6 pièges qui ruineraient votre CV ». http://www.references.be/art35519 (27 Septembre 2009)

3. Vous utilisez trop d'acronymes (Ceci est très important pour les candidats de l'étranger. Il faut expliquer ce qui n'est pas évident dans le pays où vous postulez)

4. Vous utilisez trop de jargon

5. Vous ne cernez pas bien l'emploi pour lequel vous postulez (orientez votre CV en fonction de ce qui est demandé)

6. Vous êtes trop vague en ce qui concerne votre expérience (donnez des exemples pour élucider votre succès).

Activité

Regardez le CV que vous avez préparé, et, en suivant la liste des pièges ci-dessus, identifiez les aspects à améliorer.

Le CV au Québec

Différentiation des éléments

Quand vous préparez votre demande d'emploi, il faut bien comprendre la différence entre les éléments du dossier. MC2 Expérience Stratégique propose la grille suivante pour montrer la distinction entre les éléments[14].

Curriculum vitae	Lettre de présentation	Entrevue d'emploi[1]
Résumé de l'essentiel	Sélection des points les plus forts par rapport à la situation (pas un résumé du CV, la motivation)	Évocation du maximum de points forts par rapport à la situation
Éveil de la curiosité du recruteur en citant des aptitudes et des compétences	Éveil de la curiosité du recruteur en soulignant certaines aptitudes et compétences et en précisant ses motivations	Satisfaction de la curiosité du recruteur en prouvant ses aptitudes, ses compétences et ses motivations
Schéma synthétique	Style écrit accrocheur	Réponses orales circonstanciées et comportement approprié
Simple énumération	Justification sommaire (une ou deux qualités illustrées)	Justification en profondeur

---

14   Source: « Différenciation des elements, » MC2 Expérience Stratégique, p.32, licensed

Activité

Selon la grille, essayez d'articuler quelles informations seront mieux placées dans une lettre de présentation que dans le CV. Et quelles informations pouvez-vous faire ressortir lors de l'entrevue d'emploi ?

Conseils généraux pour le CV au Québec

Le seul et unique but du CV est de décrocher une entrevue. Pour ce faire, le CV doit être clair et facile à lire. Il faut donner le moins de doute possible à l'employeur et il faut toujours mettre les dates sur le CV, même si cela ne met pas en valeur vos qualités. L'absence de dates peut provoquer des doutes.

Longueur

Au Québec, il ne faut pas dépasser 3 pages et 2 pages et demie est la norme. Il existe des exceptions, selon la profession. Par exemple, pour les postes académiques, ce n'est pas surprenant de voir un CV de 5 ou 6 pages.

En ce qui concerne le CV d'une page, les informations sont parfois forcées dans un espace limité. Par contre, les candidats avec moins d'expérience ont tendance à ajouter des informations non pertinentes pour remplir deux pages.

Organisation

Écrivez des titres en caractères gras. Les informations importantes doivent sauter aux yeux parce qu'un recruteur ne regarde pas, en général, le CV pour plus de 30 secondes.

Style

Ne mentez pas. Mettez-vous tout simplement en valeur.

Évitez de répéter les mêmes mots (verbes, adjectifs, etc.). Ne mélangez pas de verbes avec des noms dans une liste.

Sélection des informations

Organisez votre CV selon le poste que vous désirez. Mettez en valeur les expériences les plus importantes. Il ne faut pas toujours inclure les anciens postes qui n'ont pas de lien avec le poste que vous désirez. Vous risquez de montrer une instabilité si vous incluez trop de postes sur votre CV. S'il y en a plusieurs du même genre, mettez un seul titre avec les tâches communes, et puis expliquez lors de l'entrevue. Cela dit, il est bon de montrer que vous avez utilisé votre temps de manière constructive, en travaillant ou étudiant, et sans être resté inactif trop longtemps.

Conseil : Vous pouvez inclure le bénévolat dans « autres expériences ».

Activité

Remplissez la maquette pour le CV au Québec. Consultez que mettre dans son CV pour les explications.

Quelles sont les différences entre cet exemple et les maquettes précédentes dans ce chapitre ?

Maquette du CV par MC2 Expérience Stratégique[15]

Prénom et Nom
Adresse
Ville
Téléphone ( )
Courriel
Membre de
Langues (facultatif)

Objectif professionnel ou résumé des compétences (facultatif)

ÉTUDES

(Titre du diplôme, spécialités)	(Institution, Ville, Date)
Maîtrise en	Université Laval Sainte-Foy
Baccalauréat en	Université Laval Sainte-Foy

AUTRES COMPÉTENCES
OU FORMATION CONTINUE

---

15 Source: slightly adapted from « Canevas du curriculum vitae, » MC2 Expérience stratégique, pp. 34-38, licensed

EXPÉRIENCE PROFESSIONNELLE PERTINENTE
EN _____

Titre du poste	Entreprise, Ville, Date

- ………
- ………
- ………

Titre du poste	Entreprise, Ville, Date

- ………
- ………
- ………

AUTRE EXPÉRIENCE DE TRAVAIL

Titre du poste	Entreprise, Ville, Date

- ………
- ………
- ………

ACTIVITÉS SOCIALES ET PROFESSIONNELLES (facultative)

HONNEURS ET DISTINCTIONS (facultatif)

COMMUNICATIONS / PUBLICATIONS (facultatif)

RÉFÉRENCES FOURNIES SUR DEMANDE

Exemple du CV au Québec

Voici un exemple de CV de Mary McGonagle, une Américaine qui cherche du travail à Montréal. Lisez son CV et répondez aux questions suivantes.

Mary McGonagle
2430 rue de Dapples, app. 7
Montréal
(514) 509-5555
mcgonaglem@montreal.net
anglais : langue maternelle
français : niveau avancé

ÉTUDES

Maîtrise en littérature française	Kansas State University Manhattan, Kansas décembre 2009
Licence en littérature française et psychologie	Kansas State University Mention très honorable Manhattan, Kansas décembre 2007
Séjour d'étude en France	Institut Français des Alpes Annecy, France septembre – décembre 2005

AUTRES COMPÉTENCES

Connaissances informatiques : Word, PowerPoint, Excel

EXPÉRIENCE PROFESSIONELLE

Assistante de français
- Préparé/présenté des cours de français pour les débutants
- Reçu d'excellentes évaluations de l'enseignement
- Enseignante principale en équipe pour deux classes de français pour les débutants

Kansas State University
janvier 2008 – décembre 2009

Tuteur   Kansas State University
- Fait du tutorat en cours d'anglais et de français   janvier 2008 – décembre 2009
- Aidé une étudiante non-anglophone à éditer
  son mémoire de master

Aide soignante   Great Lakes Developmental Center
- Aidé les handicapés mentaux dans la vie   février 2006 – décembre 2009
  quotidienne
- Administré des soins fondamentaux
- Aidé mes clients à développer de nouvelles
  compétences

Assistante administrative   Wildcat Dossiers Express
- Exécuté des tâches administratives quotidiennes   mai 2007 – août 2007
- Facilité la communication entre les supérieurs,
  les employés, et les clients

BOURSES ET DISTINCTIONS

- Membre de Phi Beta Kappa et de Golden Key Honor Society, 2007
- Membre de Phi Kappa Phi et reçu une bourse d'études, 2006
- Membre de Pi Delta Phi, Société d'Honneur Française, 2005
- Reçu une bourse d'études de Kansas State University, 2004

INTÉRÊTS ET LOISIRS

- Écriture sur les blogs
- Lecture
- Voyage

RÉFÉRENCES FOURNIES SUR DEMANDE

Questions

1. Pour quelle sorte de travail est-ce que Mary McGonagle est qualifiée ?
2. Identifiez 3 points forts et 3 points faibles dans son CV.
3. Est-ce que Mary a bien suivi le canevas québécois ? A-t-elle suivi les conseils pour un CV au Québec ? Si non, identifiez les erreurs possibles.
4. Mary décide de postuler aussi en France. Qu'est-ce qu'elle doit changer dans son CV ?
5. Maintenant, prenez les informations présentées dans le CV de Mary et mettez-les dans le format français qui convient mieux à son expérience (chronologique, thématique, utilisation de substantifs, etc.).

Visionnement : Vidéos du Succès « Comment réussir un CV gagnant »[16]

Pour vérifier ce que vous avez appris du CV, vous regardez une des Vidéos du Succès, « Comment réussir un CV gagnant ». Dans cette vidéo, Henri vous donne rapidement ses conseils pour faire ressortir votre CV. Regardez la vidéo sur le site www.pullins.com/Hubbell/BusinessFrench et répondez aux questions de compréhension.

Questions

1. Quel est le produit qu'on vend ?
2. Qu'est-ce que vous représentez au recruteur?
3. Chaque ligne du CV doit comporter _____ que vous avez rempli(e) chez vos employeurs successifs.
4. Qu'est-ce qu'il faut enlever de votre CV ?
5. Henri suggère d'inclure
   a. une photo en couleur.
   b. une photo en noir et blanc.
6. On met les informations en ordre :
   a. chronologique
   b. anti chronologique
   c. thématique
7. En plus du nom d'une société où vous avez travaillé, Henri suggère d'ajouter aussi _____.
8. Quels hobbies doit-on inclure sur le CV?

---

16   Used with permission from HK and PPC. The video is also available at http://www.youtube.com/watch?v=6DPsPGXaoxU&feature=related and http://pierre-philippe.blogspot.com/2008/04/les-vidos-du-succs-russir-un-cv-gagnant.html

Pour aller plus loin

Consultez le livre de PPC et HK, *Les Vidéos du Succès* (Paris : Kawa, 2009) pour 500 conseils pour « réussir sa vie Pro et Perso ».

Activité orale : Débat

Vous et votre partenaire travaillez pour une société de recrutement. Vous avez reçu le curriculum vitae d'un candidat qui vous intéresse beaucoup. Votre collègue, qui est en voyage d'affaires, a reçu un autre dossier qui l'intéresse. Comme vous n'avez pas le CV de l'autre candidat devant vous, vous devez discuter par téléphone les qualités (et les lacunes potentielles) de chaque candidat. Ensuite, vous devez décider ensemble quel candidat sera invité à un entretien d'embauche.

Vous serez noté sur : la compréhensibilité (prononciation, clarté d'expressions), le vocabulaire, la grammaire, et la culture.

Note : Utilisez les CV d'Anita Bettelheim et celui de Joséphine Généreux, ou d'autres exemples dans ce chapitre.

Voici l'annonce du poste dans votre société :

Stage : Chargé(e) de Recrutement H/F   Caen, BNO 14000

Notre cabinet de recrutement, Agence Travail-Europe, est en pleine évolution et nous recherchons une personne en fin d'études pour un stage de 3 mois minimum. Il y a une forte possibilité de CDI par la suite. Le stage est rémunéré.

Vous travaillerez au sein de notre bureau à Caen, avec une équipe de cinq personnes. Vous serez formé aux méthodes de recrutement en assistant un consultant senior sur ses missions.

Vous serez chargé de la recherche de candidats pour pourvoir les postes ouverts chez nos clients. Vous aurez comme tâche la rédaction d'annonces, l'analyse de CV, la conduite d'entretiens téléphoniques, et la sélection de profils selon les postes ouverts.

Nous recherchons de préférence un(e) étudiant(e) en ressources humaines (RH), Bac +5. Vous êtes sérieux(se), motivé(e), toujours positif(ve) et possédez une grande aisance relationnelle. Vous avez un bon niveau d'anglais et vous êtes prêt(e) à vous déplacer sur Paris.

Ce stage vous permettra d'apprendre rapidement le métier du recrutement.

Informations complémentaires :

Région :   Caen, BNO 14000

Statut :   Temps plein, Stage

Niveau de poste :   Étudiant

Catégorie de l'offre :   Ressources Humaines

Salaire :   450 euros + Primes

Contact :   Jeannette BRODEUR
                 Agence Travail-Europe
                 jbrodeur@travaileurope.com
                 20 rue Antoine Lenoir
                 14000 Caen
                 FRANCE

Dossier 2 : Le Curriculum Vitae

Maintenant écrivez une copie de votre CV. Selon votre recherche de travail personnel, décidez s'il faut employer le format français ou québécois. Décidez aussi si vous préférez le format chronologique ou thématique. Votre CV fera partie de votre dossier de candidature.

Chapitre 5

La Lettre de motivation

La lettre de motivation, aussi appelée lettre de candidature, ou, au Québec, lettre de présentation, sert à vous présenter comme candidat à un recruteur. Vous ne voulez donc pas, tout simplement répéter ce qu'on peut voir dans votre CV. C'est le moment de vous faire remarquer comme candidat, de vous distinguer des concurrents, et de faire un lien précis entre votre profil et le poste à pourvoir[1].

---

1   Chapitre 7 vous donnera plus de précisions sur la communication professionnelle et le format des lettres.

Vocabulaire pour écrire une lettre

un accomplissement	accomplishment
le bénéfice	benefit, advantage
le blanco	correction fluid
une candidature spontanée	unsolicited application
un concurrent	competitor
l'écriture, *f.*	handwriting
l'encre, *f.*	ink
l'en-tête, *m.*	header, letterhead
une faute	mistake
une formule de politesse	form of address, closing salutation
une formule de salutation	greeting, salutation (Dear Sir, etc.)
froissé	creased, crumpled
une lettre de présentation (qb)	cover letter
une lettre de prospection	inquiry letter (cover letter for an unsolicited application)
une lettre de candidature (fr)	cover letter
une lettre de motivation (fr)	cover letter
une lettre manuscrite	handwritten letter
une lettre dactylographiée	typed letter
une lettre spontanée	cover letter for an unsolicited application
un liquide correcteur (qb)	correction fluid
les marges	margins
la mise en page	page layout
l'orthographe, *f.*	spelling
un paragraphe	paragraph
une phrase	sentence
un poste à combler	position to be filled
un poste à pourvoir	position to be filled
une rature	cross-out, deletion
les réalisations, *f.pl*	achievements
une réussite	achievement, success
un stylo à bille	ball point pen
un stylo plume	fountain pen
le Tippex (nom de marque)	correction fluid
la vedette (qb)	header, letterhead

Avant d'écrire une lettre de motivation, il faut savoir répondre aux questions suivantes :

- Quel est mon profil ?
- Quel est mon projet ou mon objectif professionnel ?
- Quel est le poste en question ?
- Est-ce que mon profil correspond au poste ?
- Lesquelles de mes compétences correspondent le plus aux demandes du poste ?
- Quelle est la manière la plus efficace de communiquer mes compétences au recruteur ?

Pour ce faire, il faut d'abord réviser le travail des chapitres précédents.

Mon profil

Réfléchissez au profil défini dans le chapitre 3.

Quel était votre projet ?

Quel poste (que vous avez trouvé) vous intéresse le plus ?

Que savez-vous de l'entreprise ou de la société ?

Quels bénéfices représentez-vous pour l'employeur ?

Activité

Avec un partenaire, discutez les questions suivantes :

- Définissez le genre de poste que vous recherchez et vos attentes du marché du travail.
- Quel est le poste auquel vous voulez postuler ?
- Quelles sont les forces que vous possédez et qui correspondent aux fonctions du poste ?
- Qu'est-ce que vous pouvez apporter à l'employeur que vos concurrents ne peuvent pas ?

L'Analyse du poste

Avant de faire une demande d'emploi, il sera utile de se poser les questions suivantes :

1. Quel est le titre du poste ?
2. Où avez-vous trouvé l'annonce ? (Ce n'est pas nécessaire pour une lettre spontanée.)
3. Quelles sont les fonctions ?
4. Quelles capacités ou qualités sont requises ?
5. Pourquoi ce poste vous intéresse-t-il ?
6. Que savez-vous de l'entreprise ?
7. Qu'est-ce que vous avez à offrir aux recruteurs ? (votre formation, vos expériences, vos qualités qui correspondent aux besoins du poste)
8. À qui devez-vous vous adresser ?
9. Comment pouvez-vous accrocher le lecteur de votre lettre ?
10. Qu'est-ce qui va vous distinguer des concurrents ?

Activité

Trouvez une annonce d'emploi qui vous intéresse et répondez aux questions ci-dessus.

Mes réalisations[2]

Avant de postuler, il vous sera également utile de définir ce que vous avez déjà accompli. Cela vous permettra de définir, en termes concrets, votre valeur professionnelle. Pour bien comprendre vos réalisations, pensez à une situation précise à laquelle vous avez été confrontée sur le lieu de votre travail, ou même pendant votre formation. Comment avez-vous résolu le problème et quels ont été les résultats ?

Analyse d'une réalisation professionnelle[3]

1. Quelle était la problématique ?
2. Qu'avez-vous fait ?
3. Quelles compétences avez-vous utilisées ?
4. Quel résultat avez-vous obtenu ?
5. Quel a été le bénéfice pour l'entreprise ?

---

2 Une réalisation, le mot préféré au Québec, veut dire un accomplissement ou une réussite.

3 Source: « Mes Réalisations, » MC2 Expérience stratégique, p. 44, licensed, and adapted from « Mes Réalisations » (suite), pp. 45-46. My activity.

Vos réalisations proviennent des actions suivantes

- Performance
- Vente
- Nouvelles affaires
- Invention
- Expansion

- Restructuration
- Rendement
- Crise à résoudre
- Découverte
- Enseignement

- Profit
- Créativité
- Amélioration
- Conclusion
- Épargne

Une réalisation sera remarquée si vous avez

- amélioré une performance
- augmenté des profits et/ou des ventes
- réduit des coûts
- gagné du temps
- développé la clientèle
- accru l'efficacité
- assuré de meilleurs contrôles
- assisté l'équipe de décision dans la gestion
- aidé à améliorer la prise de décision
- amélioré les relations avec le personnel
- contribué à l'amélioration esthétique et fonctionnelle d'un produit
- accru la fiabilité d'un produit ou d'un service
- optimisé des systèmes
- perfectionné des stratégies
- rentabilisé des opérations jusque là déficitaires
- éliminé le gaspillage
- amélioré les conditions de travail
- identifié et résolu des problèmes
- dénoué des situations de crise
- embauché des personnes compétentes
- développé un nouveau service client

Pour rendre votre CV ou lettre de motivation convainquant, toute réalisation devrait être appuyée par des chiffres, des pourcentages (résultats mesurables) ou des montants d'argent que vous serez en mesure de justifier lors de votre entrevue. Il faut la valider en fournissant des informations tangibles et vérifiables qui « parlent » à l'employeur potentiel.

Voici quelques exemples

- années d'expérience dans la gestion et la sélection du personnel.
- Formation et supervision de _____ employés.
- Excellentes compétences en _____ (votre domaine d'expertise) permettant une augmentation de _____ % des ventes.

- Élimination de _____ (obstacle) permettant une augmentation de la productivité de _____ %.
- Réalisation d'un chiffre d'affaires moyen de _____ $.

Activité

Maintenant réfléchissez à vos réalisations. Même si vous n'avez pas encore eu un poste important, vous avez sans doute de l'expérience qui mérite d'être soulignée dans votre lettre de présentation. Répondez aux questions dans la section « Analyse d'une réalisation professionnelle ». Ensuite, essayez d'écrire quelques phrases de soutien pour mettre en valeur vos réalisations.

Les Espoirs et les craintes du recruteur[4]

Le candidat, avant de rédiger sa lettre, doit se poser les deux questions suivantes :

- Qu'est-ce qui pourrait encourager les espoirs du recruteur ?
- Qu'est-ce qui pourrait dissiper les craintes du recruteur ?

Les espoirs du recruteur

1. Qu'est-ce que ce candidat pourrait m'apporter de plus ?
2. Qu'est-ce que ce candidat m'amènerait de différent ?
3. Quelles sont ses principales réalisations ?
4. A-t-il contribué à une réalisation marquante ?
5. A-t-il concrétisé ses connaissances par des réalisations particulières ?
6. Possède-t-il les compétences requises pour occuper ce poste ?
7. Quelle est sa principale motivation pour occuper un poste chez nous ?

Les craintes du recruteur

1. Puis-je me fier à ce candidat ?
2. Le candidat correspond-il au profil recherché ?
3. Ses arguments sont-ils convaincants ?
4. Sa formation convient-elle au poste en question ?
5. Quelles sont ses références ?
6. Risque-t-il de quitter l'entreprise prochainement ?
7. Le poste en question correspond-il réellement à ce qu'il recherche ?
8. Ses qualités correspondent-elles au poste ?
9. Pourra-t-il s'intégrer à l'équipe en place ?

---

4   Source: « La Lettre de Présentation, » MC2 Expérience Stratégique, p. 47, licensed

Astuce : Les qualités que vous désirez mettre en valeur doivent être pertinentes au poste à combler. Par exemple, si la fonction de contrôleur de gestion vous motive, vous devez mentionner dans votre lettre que vous possédez des qualités qui s'avèrent déterminantes pour ce genre de travail (esprit de synthèse, rigueur, méthode...). Par contre, il serait moins à propos de parler de votre créativité, de votre sens de l'esthétique ou de votre grande culture générale.

Activité

Comment pouvez-vous satisfaire les espoirs du recruteur ? Choisissez trois questions pertinentes dans la partie « Les espoirs du recruteur » et écrivez une phrase pour répondre à chacune des questions sélectionnées. Ensuite, faites de même avec la partie « Les Craintes du recruteur ».

L'Analyse d'une annonce[5]

Quand vous regardez l'annonce qui vous intéresse, regroupez l'information sous trois rubriques.

Entreprise	Poste	Candidat
• Type d'entreprise • Lieux d'implantation • Secteur d'activité	• Titre du poste • Fonction principale • Compétences • Lieu de travail	• habiletés • formation • connaissances • qualités

Exemple :

Entreprise	Poste	Candidat
• Grande entreprise • Active à l'international • Dans l'import-export	• Agent de marketing • Développement et analyse de marchés • Équipements de protection de l'environnement • Montréal	• Anglais impératif • Allemand souhaité • Formation : administration, option marketing • Grande disponibilité • Maîtrise des outils informatiques • Formation assurée

---

5   Source: Adapted from « L'Annonce d'une offre d'emploi. » MC2 Expérience stratégique, p. 48, licensed. My activity.

Pour répondre à une offre d'emploi

- Analysez le poste et assurez-vous de faire le lien entre les qualités voulues ou requises et vos compétences
- Mettez en évidence vos qualités dans votre lettre et dans votre CV
- Reprenez les informations de l'annonce : entreprise, poste, candidat
- Indiquez vos compétences : informations transmises (études et expériences, maîtrise des qualités recherchées, intérêt pour le secteur, intérêt pour l'entreprise, prédispositions pour le poste à combler)
- Utilisez des arguments et des preuves pour transmettre ces informations

Pour une candidature spontanée

- Identifiez des entreprises et postes qui vous intéressent, et identifiez ce que vous pouvez apporter à l'organisation.

Activité

Prenez une offre d'emploi qui vous intéresse et faites l'analyse du poste dans la grille suivante.

Entreprise	Poste	Candidat
• Type d'entreprise	• Titre du poste	• habiletés
• Lieux d'implantation	• Fonction principale	• formation
• Secteur d'activité	• Compétences	• connaissances
	• Lieu de travail	• qualités

Qu'est-ce qu'une lettre de motivation ?

Une lettre de motivation (aussi appelée lettre de candidature ou lettre de présentation au Québec) est une manière de vous présenter plus personnellement auprès de vos employeurs potentiels. La lettre sert à capter l'intérêt et à montrer que vous méritez un entretien d'embauche. Vous pouvez y souligner vos capacités et expériences pertinentes pour le poste que vous demandez tout en montrant votre intérêt dans la société. N'écrivez pas une lettre trop formelle ou anonyme et montrez-vous enthousiaste.

Le but de la lettre de motivation est de faire le lien entre le poste à pourvoir et vos qualifications pour (éventuellement) décrocher un entretien d'embauche. Dans cette lettre vous ne voulez pas tout simplement dire ce qu'on peut voir dans votre curriculum vitae. Il faut montrer que vous voulez ce poste en particulier et que vous avez les qualifications requises. Vous voulez montrer que vous avez quelque chose à offrir à la société et que votre expérience correspond directement aux fonctions du poste.

Dans cette lettre, il faut :

- accrocher le lecteur et lui donner envie de lire le CV
- expliquer comment vous avez appris que ce poste était libre (sauf s'il s'agit d'une lettre de prospection)
- donner des informations supplémentaires qui ne sont pas dans le CV
- démontrer vos qualifications par rapport aux tâches ou responsabilités énumérées dans l'annonce
- vous montrer disponible pour un rendez-vous ou entretien d'embauche
- démontrer votre capacité à vous exprimer clairement, de manière organisée, concise et agréable
- démontrer votre habilité linguistique (ne pas faire de fautes d'orthographe ou grammaticales, etc.)

Activité

Réfléchissez à la liste ci-dessus. Avec un partenaire, discutez les stratégies pour faire chacune de ces choses. Essayez ensemble d'écrire une phrase pour chaque tâche.

- accrocher le lecteur
- expliquer comment vous avez trouvé l'annonce du poste
- démontrer vos qualifications

La Lettre de motivation manuscrite, France

En France c'était la coutume jusqu'à récemment d'écrire une lettre manuscrite[6] pour démontrer à l'employeur potentiel votre intérêt sincère, votre maîtrise de l'écriture, ainsi que votre organisation et vos qualités psychologiques. Certaines entreprises engageaient même des graphologues pour analyser l'écriture des candidats. Traditionnellement pour la lettre de candidature spontanée, on préfère recevoir un CV accompagné d'une lettre manuscrite. Plus récemment, comme on postule plus souvent par Internet, on commence à préférer les lettres dactylographiées. Cela dit, il faut être prêt à écrire une lettre à la main sur demande de l'employeur.

Astuces pour rédiger une lettre de candidature à la main :

- Il vous est impossible de changer votre écriture, alors, il faut plutôt se concentrer sur le format de la lettre.
- Pensez à la mise en page avant de commencer. Combien d'informations doit-on y mettre et où doit on positionner ces informations sur la page ?
- Utilisez une feuille blanche (placez une feuille rayée sous la lettre de motivation vierge)
- Utilisez l'encre noire et éviter un stylo à bille qui fait un peu trop scolaire
- Faites des marges d'environ 2 cm à gauche et 2 cm à droite
- Pour la lettre manuscrite OU dactylographiée, demandez à plusieurs personnes de la lire.
- Une lettre manuscrite n'est pas la norme en Amérique du Nord.

Activité

Imaginez que vous devez écrire une lettre manuscrite. Quelles seront les plus grandes difficultés pendant cette tâche ? Quelles qualités pensez-vous être capable de démontrer par votre écriture ? Quelles stratégies pouvez-vous employer pour bien contrôler la mise en page, l'orthographe, les marges, et la clarté de votre écriture ?

À faire et à éviter

Dans la lettre manuscrite ou dactylographiée, il y a certaines règles à respecter.

À faire

- s'assurer que vous adressez votre lettre à la bonne personne (appeler l'entreprise pour demander qui s'occupe des demandes, si nécessaire)

---

6   écrite à la main

- inclure l'objet de votre lettre, en faisant référence à l'annonce
- inclure votre nom, adresse, et signature
- ouvrir avec une note personnelle, originale et enthousiaste
- expliquer pourquoi vous postulez (qu'est-ce qui vous attire dans l'entreprise et dans ce poste ?)
- transmettre votre enthousiasme et votre motivation
- utiliser des verbes positifs, des verbes d'action
- être bref, concis, mais dynamique et positif à votre propos
- relire la lettre plusieurs fois et corriger toute faute éventuelle
- pour une lettre manuscrite : s'assurer qu'elle soit claire, propre, et sans rature[7]

À ne pas faire

- postuler pour plusieurs fonctions
- trop pousser sur l'originalité
- commencer les paragraphes ou trop de phrases par « je »
- parler d'argent
- utiliser un style trop formel (« veuillez trouver, ci-joint, ma candidature… »)
- se vanter (« je suis convaincu d'être le candidat idéal pour ce poste »)
- insister sur les faiblesses (« malgré ma faible expérience … »)
- utiliser des mots trop modestes tels que « peut-être » et « éventuellement »
- utiliser des formules conditionnelles ou imprécises
- utiliser des sigles sans inclure la signification exacte
- abuser d'un vocabulaire trop technique
- montrer que vous êtes désespéré/e
- répéter les informations du CV
- argumenter vos aptitudes
- utiliser des clichés ou des expressions figées
- confondre les lettres si vous postulez à plusieurs entreprises ou postes différents

Astuce : Selon l'article « Lettre de motivation » du moteur de recherche www.references.be, « La dernière impression reste toujours le plus longtemps. N'achevez donc pas votre lettre par: «Veuillez agréer, cher Monsieur, l'expression de ma plus haute considération» mais préférez ‹Si vous aussi pensez que nos compétences se rejoignent, je suis prêt à vous en convaincre lors d'une entrevue› »[8]. De même, « Je vous prie d'agréer… » est moins lourd et préférable à « veuillez agréer… ». Consultez le chapitre 7 « La Communication professionnelle » pour une analyse complète des formules de politesse.

---

7   deletions, erasures
8   Source: « Lettre de motivation, » http://www.references.be/art3532 (5 July 2010).

Activité

- De la liste « à faire », choisissez trois points et expliquez pourquoi il est important de faire cette chose.
- De la liste « à ne pas faire », expliquez pourquoi chaque élément est important à éviter. Y a-t-il des exceptions ? Pourquoi ou pourquoi pas ?

Qualités de la lettre[9]

1. Votre lettre ne doit pas excéder une page ; faites des phrases courtes. De façon générale, un lecteur retient une phrase de 13 mots à 100%, de 17 mots à 65% et de 40 mots à 35%
2. Rédigez des paragraphes courts et concis
3. Utilisez un logiciel de traitement de textes
4. Choisissez une police de caractère facile à lire (Times, Courrier)
5. Vérifiez l'orthographe et la ponctuation
6. Évitez les papiers aux couleurs trop vives
7. Faites relire votre lettre par un parent ou un ami pour des suggestions ou pour corriger vos fautes
8. Démontrez de l'enthousiasme pour le poste en question

Conseils spécifiques au Québec :

N'envoyez pas de lettre manuscrite (sauf si indiqué)

N'envoyez pas de photographie à moins qu'elle soit demandée

1er paragraphe

- Expliquez l'objet de votre lettre en utilisant une phrase d'ouverture ou des réalisations professionnelles de votre CV
- Votre première phrase doit parler de ce qui intéresse l'autre et non pas de ce qui *vous* intéresse. Montrez que vous avez identifié les besoins de l'entreprise, les profils recherchés et amenez habilement le premier argument
- Ne commencez pas la lettre avec où vous avez vu l'annonce

2e paragraphe

- Montrez à l'employeur que vous vous êtes renseigné sur le poste et que vous possédez les compétences et les aptitudes requises pour le travail
- Établissez des liens avec votre formation, vos expériences de travail et vos compétences en donnant des exemples concrets

---

9   Source: slightly adapted from « Qualités de la lettre de présentation, » MC2 Expérience Stratégique, p. 52, licensed. My activity.

3ᵉ paragraphe

- Montrez que vous connaissez le secteur ou l'entreprise
- Mentionnez comment vous pourriez contribuer à la société et les raisons pour lesquelles vous voulez y travailler
- Parlez de votre motivation, de vos goûts et de vos intérêts

Conclusion

- Terminez en demandant poliment une entrevue
- S'il s'agit d'une candidature spontanée, indiquez votre intention de faire un suivi
- Utilisez une formule de salutation appropriée (pas trop lourde)

Activité

Classifiez dans quel paragraphe il faut mettre les informations suivantes

1. Vous demandez une entrevue.
2. Vous démontrez que vous connaissez l'entreprise.
3. Vous parlez de vos intérêts et de vos goûts.
4. Vous faites un lien entre vos compétences et les demandes du poste.
5. Vous utilisez une formule de salutation.
6. Vous parlez de votre contribution potentielle à l'entreprise.
7. Vous montrez à l'employeur que vous vous êtes renseigné sur l'entreprise.

Phrases tonifiantes

MC2 Expérience Stratégique au Québec suggère quelques phrases qui pourraient vous servir d'exemple pour rendre votre lettre plus convaincante. Il faut, néanmoins, toujours choisir les mots qui vous conviennent personnellement et qui s'appliquent à votre situation. Lisez les phrases, et choisissez celles qui pourraient vous être utiles. Adaptez-les à votre recherche d'emploi.

En réponse à une offre d'emploi[10]

- Je suis convaincue qu'une entrevue vous persuadera de mon aptitude à organiser, former et diriger une équipe de vente internationale. Votre entreprise en plein essor pourrait profiter de mes compétences.
- J'ai l'habitude de travailler sous pression. Les échéances et les tâches multiples ne me font pas peur. J'aime le défi et le travail. Les négociations continues avec tous les niveaux de la hiérarchie et avec les employés syndiqués m'ont

---

10 Source: « Phrases tonifiantes, » MC2 Expérience Stratégique, p. 53, licensed. My activity.

aidé à perfectionner mon habileté[11] en relations humaines. J'aimerais pouvoir vous dire de vive voix comment je pourrais contribuer au succès de votre entreprise.

- Le candidat que vous recherchez pour le poste de _____ est-il une personne motivée, professionnelle, familière[12] avec tous les aspects de l'emploi offert ? Dans cette affirmative, je vous prie de prendre connaissance du curriculum vitae ci-joint. Vous verrez que je possède toutes ces qualités et bien d'autres encore.

- J'espère avoir bientôt de vos nouvelles afin que nous puissions fixer la date d'une entrevue. Cela me permettra de me familiariser avec les projets et les objectifs de votre entreprise. Je pourrai alors mieux vous expliquer comment je peux contribuer au succès de votre équipe.

Lettre de prospection[13]

- Je vous envoie un article paru récemment dans la revue Les Affaires : je crois qu'il vous intéressera. Il m'a incité à me renseigner sur votre entreprise. Je suis maintenant convaincu(e) que j'aimerais faire partie de votre équipe et que mes qualifications vous seraient utiles.

- Ayant suivi de près la performance de votre fonds dans le Bulletin des Fonds Communs, je constate que vos résultats des trois dernières années montrent une excellente gestion de portefeuille. L'expérience que j'ai acquise auprès d'un de vos concurrents pourrait sûrement vous servir.

- Je détiens un diplôme en économie de l'université _____ et j'applique une méthode d'analyse quantitative aux fluctuations du marché. Cela m'a permis de choisir judicieusement les titres de haute technologie qui sont le pivot d'un fonds commun axé sur la croissance.

- Votre achat récent des magasins _____ indique que vous avez l'intention de développer le marché du sud-ouest que vous n'avez pas encore pénétré. Mes compétences en gestion des ventes au détail pourraient certainement parachever votre stratégie à long terme.

Activité

1. Choisissez cinq phrases tonifiantes et identifiez dans quelle partie de la lettre de motivation on pourrait les placer.

---

11 Rappel: « Habileté » est le mot préféré au Québec pour une capacité.

12 Au lieu de dire « familière avec », en France on dirait « au courant de ».

13 Une lettre de prospection ou une lettre spontanée est envoyée quand il n'y a pas de poste annoncé, mais le candidat s'intéresse spécifiquement à une certaine entreprise. Ce type de lettre demande de la recherche de la part du candidat. Il faut identifier les entreprises et les postes qui vous intéressent ainsi que ce que vous pouvez apporter à l'organisation. Selon l'article « Rédiger sa lettre de candidature » de l'Université de Rennes, « L'acte de candidature spontanée doit être pensé comme un acte de service. Vous n'êtes pas «demandeur d'emploi». Vous proposez vos services, vos compétences à l'entreprise. C'est en sachant ce dont l'entreprise a besoin que vous aurez des chances de décrocher un entretien ». Information reposted at http://www.kedifoad.net/TRE/TRE1/le_corps_de_la_lettre.html (6 July 2010)

2. Évaluez et critiquez les phrases. Est-ce que chaque phrase vous conviendrait personnellement ? Pourquoi ou pourquoi pas ? Imaginez que vous êtes recruteur. Quelle serait votre réaction face à une telle phrase ?

3. Dans la partie « Lettre de prospection », expliquez pourquoi le candidat offre des informations à l'employeur potentiel. (Lisez la note en bas de la page pour plus d'informations sur la candidature spontanée.)

Mise en page de la lettre de motivation

Modèle pour l'Europe

Prénom, nom
adresse
téléphone
e-mail

                        Nom de l'interlocuteur
                        Entreprise
                        Adresse

                        lieu, date

Réf. (annonce, si vous répondez à une offre)

Madame, Monsieur,

    ....
....
....

    ....
....

    ....
....
....

[les marges d'un minimum de 2cm à droite et à gauche]

    Formule de politesse (Dans l'attente de recevoir votre réponse, je vous prie d'agréer, etc.),

                        Signature (manuscrite)

PJ : Un Curriculum Vitae

Modèle pour le Québec[14]

Date : jour, mois, année

Madame ou Monsieur, prénom et nom de la personne qui recrute
Son titre ou sa fonction
Le nom de l'entreprise
L'adresse (code postal)

Objet : (facultatif)

Madame,
Monsieur,

....
....
....
....
....
....
....
....
....

Votre signature (manuscrite)
Vos prénom et nom
Votre adresse (code postal)
Téléphone
Courriel

Astuces

- Développer une seule idée maîtresse par paragraphe : cela facilite la compréhension
- Porter une attention particulière aux fautes d'orthographe, de grammaire, et de syntaxe

---

14 Source: slightly adapted from « Exemple de lettre de presentation, » MC2 Expérience Stratégique, p. 51, licensed

Exemple d'une lettre française

Anne Nilonat
5, Rue Pépin
33000 Bordeaux
anne.nilonat@nilonat.net

Maison de la Mode
A l'attention de Mme Jeanne Kronox
567, Chaussée de Rez
75008 Paris

Bordeaux, 18 septembre 2011

Madame,

Suite à notre entretien téléphonique du 5 septembre, il m'a semblé utile de vous fournir quelques informations complémentaires afin de solliciter un emploi auprès de votre maison de couture en tant qu'assistante des ventes et marketing.

Maison de la Mode produit principalement des vêtements haut de gamme vendus partout dans le monde. Ce positionnement rejoint parfaitement mes centres d'intérêt. Je pense en particulier à mon expérience comme couturière chez Yves Saint Laurent ainsi qu'à mes connaissances linguistiques. Je maîtrise parfaitement l'anglais et le français, ce qui vous sera utile dans votre correspondance et vos campagnes publicitaires.

En 2009, j'ai fait un stage chez Prada, New York où j'étais responsable de l'agenda de la directrice de marketing, Madame Fournière. Une partie de mes fonctions était la rédaction et l'envoi des plans techniques pour la publicité, une expérience qui pourrait vous servir pour la promotion de vos produits.

Bien que n'ayant pas suivi une formation orientée spécifiquement dans le domaine de la mode, je pense, grâce à mon stage, avoir assimilé des connaissances et des aptitudes qui pourraient vous servir dans votre branche. Songez par exemple à ma connaissance des langues, à ma compréhension des matières économiques, à mes notions en matière de marketing, à mon sens d'organisation et à ma facilité relationnelle.

En espérant avoir l'opportunité de vous convaincre de mes qualités au cours d'un entretien, je vous prie de recevoir mes meilleures salutations.

A. Nilonat

Anne Nilonat

PJ: curriculum vitae

Activité

Analysez la lettre de candidature d'Anne Nilonat et répondez aux questions suivantes.

1. À qui s'adresse cette lettre ?

2. Pourquoi est-ce qu'Anne lui écrit ?

3. Anne a-t-elle la formation nécessaire pour ce poste ? Expliquez.

4. À votre avis, est-ce qu'Anne se présente comme candidate intéressante ? Arrive-t-elle à vous accrocher. Avez-vous envie de lire son CV ? Pourquoi ou pourquoi pas ?

5. Identifiez trois points positifs de la lettre d'Anne Nilonat.

6. Qu'est-ce qu'Anne peut faire pour améliorer sa lettre ? Y a-t-il des fautes à corriger ?

7. Anne veut maintenant postuler à une entreprise au Québec. Changez sa lettre au format canadien.

Exemple d'une lettre française, manuscrite

Anne Nilonat
5, rue Pépin
33000 Bordeaux
anne.nilonat@nilonat.net

Maison de la Mode
A l'attention de Mme Jeanne Kronox
567, Chaussée de Rez
75008 Paris

Bordeaux, 18 septembre 2011

Madame Kronox,

Suite à notre entretien téléphonique du 5 septembre, il m'a semblé utile de vous fournir quelques informations complémentaires afin de solliciter un emploi auprès de votre maison de couture en tant qu'assistante des ventes et marketing.

Maison de la Mode produit principalement des vêtements haut de gamme vendus partout dans le monde. Ce positionnement rejoint parfaitement mes centres d'intérêt. Je pense en particulier à mon expérience comme couturière chez Yves Saint Laurent ainsi qu'à mes connaissances linguistiques. Je maîtrise parfaitement l'anglais et le français, ce qui vous sera utile dans votre correspondance et vos campagnes publicitaires.

En 2009, j'ai fait un stage chez Prada, New York où j'étais responsable de l'agenda de la directrice de marketing, Madame Fournière. Une partie de mes fonctions était la rédaction et l'envoi des plans techniques pour la publicité, une expérience qui pourrait vous servir pour la promotion de vos produits.

Bien que n'ayant pas suivi une formation orientée spécifiquement dans le domaine de la mode, je pense, grâce à mon stage, avoir assimilé des

connaissances et des aptitudes qui pourraient vous servir dans votre branche; en particulier ma connaissance des langues, ma compréhension des matières économiques, mes notions en matière de marketing, mon sens d'organisation et ma facilité relationelle.

En espérant avoir l'opportunité de vous convaincre de mes qualités au cours d'un entretien, je vous prie de recevoir mes meilleures salutations.

Anne Nilonat
PJ: curriculum vitae

Activité

Analysez la lettre manuscrite et répondez aux questions suivantes.

1. Est-ce qu'Anne respecte le format requis ?
2. La lettre ne tient pas sur une seule page. Est-ce problématique ? Pourquoi ou pourquoi pas?
3. Respecte-t-elle les marges ?
4. Y a-t-il des ratures ? des fautes d'orthographe ? des fautes de syntaxe ?
5. Identifiez au moins 3 points à améliorer.
6. Anne veut raccourcir la lettre manuscrite. Identifiez des parties qu'elle pourra peut-être éliminer.

Écrire une lettre de motivation

Avant d'écrire

Réfléchissez bien aux questions suivantes avant de commencer votre lettre de candidature :

- Qui êtes-vous ? (métier, formation, savoir-faire, qualifications)
- Quel poste voulez-vous ? (caractéristiques du poste)
- L'entreprise à laquelle vous postulez est … (activité, taille, problèmes, besoins)
- Pourquoi voulez-vous y travailler ? Pourquoi ce poste vous intéresse-t-il ?
- Avez-vous des atouts qui correspondent aux fonctions du poste? Lesquels ?

Placez les choses suivantes devant vous :

- votre CV
- l'annonce du poste
- le titre du poste et la fonction
- le nom et la fonction de votre correspondant
- votre ordinateur, ou pour une lettre manuscrite, du papier, un stylo, un dictionnaire

Écrire

- Commencez votre lettre par une référence à l'entreprise pour mieux impliquer le lecteur.
- Votre style doit être simple, clair, concis, compréhensible, et les phrases doivent être bien articulées.
- Démontrez que vous comprenez bien l'entreprise, les fonctions du poste, et que votre profil correspond aux besoins articulés dans l'annonce.

Après avoir écrit

Relisez votre lettre et faites le check-up suivant :

- Est-ce que chaque phrase a un sujet, un verbe et un complément ?
- Est-ce que chaque phrase est compréhensible ? Y a-t-il une manière de simplifier ?
- Commencez-vous des paragraphes par « je » ?
- Employez-vous des phrases ou mots trop généraux ?
- Y a-t-il des anglicismes (leadership, challenge, etc.) qui peuvent être remplacés par des termes français (sens de gestion, défi) ?
- Est-ce que vous avez utilisé des abréviations que le lecteur ne comprendra pas (B.A., B.S., UVA, K-State) ?

- Est-ce que vous vous vantez trop ? Pouvez-vous prouver les qualités que vous annoncez ?
- Est-ce qu'il y a des fautes de grammaire ou d'orthographe ?
- Avez-vous utilisé des phrases négatives ou dévalorisantes (peut-être, échec, je pense) ?
- Avez-vous trop répété certains verbes (être, avoir) ? Est-ce que vous utilisez trop le conditionnel ?
- Utilisez-vous des formules pompeuses « je sollicite », « veuillez agréer », « je vous prie de bien vouloir trouver ci-joint », etc.
- Est-ce que votre lettre tient sur une page ?
- Pour la lettre manuscrite : est-ce que vous respectez les marges (un minimum de 2 cm de chaque côté) ? est-ce qu'il y a des ratures ? est-ce que la lettre est bien centrée sur la page ?

Corrigez votre lettre et demandez à quelqu'un d'autre de la lire.

Activité 1

Trouvez une annonce de poste, écrit en français, qui vous intéresse en utilisant des moteurs de recherche en ligne. Analysez l'annonce et identifiez comment votre profil correspond aux besoins du poste. Ensuite, écrivez une lettre de candidature. Suivez le modèle français ou québécois selon le poste que vous avez identifié.

Activité 2

Faites une vérification de l'activité « après avoir écrit » avec votre lettre.

Activité 3

Maintenant, recopiez votre lettre. Ensuite, échangez votre lettre avec un partenaire. Faites la vérification de la lettre de votre collègue et donnez quelques suggestions pour améliorer le style et le contenu.

Visionnement : Vidéos du Succès « La Lettre de Motivation »[15]

Lisez les questions suivantes pour vous préparer au visionnement. Regardez la vidéo sur www.pullins.com/Hubbell/BusinessFrench et répondez aux questions.

1. V/F   La lettre de motivation est la même chose que la lettre de candidature spontanée.

---

15 Video available also at http://www.youtube.com/user/VideoPeps#play/uploads/6/5G9eNxBSCok Permission granted by HK and PPC.

2. La lettre de motivation accompagne _____ .

3. Le CV est le cerveau _____ qui représente les faits. La lettre est le cerveau _____ qui représente _____ et le ton.

4. La lettre répond à _____ .

5. V/F   Il ne faut pas répéter ce qu'il y a dans le CV.

6. Il est important de _____ parmi la masse des concurrents.

7. V/F   Vous devez parler de votre poste actuel.

8. V/F   Vous ne devez pas dire pourquoi vous voulez changer de poste.

9. Il faut reprendre le _____ que vous représentez à l'employeur.

10. Comment peut-on éviter de se vanter quand on parle de ses traits de caractère ?

_____

_____

_____

11. Il faut _____ que vous connaissez l'entreprise. Il faut se renseigner sur des sites internet.

12. Expliquez votre _____ discriminant. C'est une question de concurrence.

13. V/F   Il ne faut pas dire quand vous allez être disponible.

14. V/F   Il ne faut pas faire de promesses de ce que vous allez faire auprès de l'entreprise.

15. Que faut-il faire à la fin de la lettre ? _____

16. V/F   Il faut donner une photo avec la lettre.

17. Maintenant regardez encore une fois la vidéo et notez les sept points pour réussir la lettre de motivation.

Les sept points pour réussir sa lettre de motivation sont :

a. _____

b. _____

c. _____

d. _____

e. _____

f. _____

g. _____

Après avoir corrigé votre lettre avec un partenaire, recopiez-la. Suivez les modèles dans ce chapitre, mais faites de la recherche pour personnaliser votre lettre. Faites deux versions : une lettre manuscrite sur le format français et une lettre dactylographiée sur le format canadien. Mettez la lettre dans votre dossier.

Important : Corrigez et faites toujours lire votre lettre par d'autres personnes avant de l'envoyer[16].

---

bublburp a une vie de merde

Vie de merde 6/24/08 6:45 PM bublburp

Aujourd'hui, j'ai enfin terminé d'écrire mes 35 lettres de motivation à la main après 2 jours d'efforts intenses pour que tout soit parfait. Seulement je viens juste de m'apercevoir que «professionel» prend deux «n» et que ce mot est présent plusieurs fois dans chacune de mes lettres. VDM

---

16   Source: http://www.viedemerde.fr/inclassable/130647 (3 July 2010).

Chapitre 6

L'Entretien d'embauche

Félicitations ! Vous avez réussi à décrocher un entretien d'embauche[1] (ou une entrevue de sélection, si vous êtes au Canada). Cela veut dire que vous avez les qualités et capacités requises et que votre candidature est intéressante à l'employeur. Maintenant, c'est à vous de faire des étincelles[2]. Quel comportement devez-vous avoir ? Quelles questions vont-ils vous poser ? Est-ce que vous avez des questions à poser à votre tour ? Qu'est-ce qui va vous distinguer des autres candidats lors de votre entretien ? Ce sont des questions que nous allons tenter d'aborder dans ce chapitre.

Questions préparatoires

1. Est-ce que vous avez déjà passé un entretien d'embauche ? Racontez votre expérience. Si non, qu'est-ce que vous pensez doit arriver pendant un entretien d'embauche ?

2. Comment s'habille-t-on ?

---

1 En France, on dit parfois aussi « entretien de recrutement » et au Québec on dit aussi « entrevue d'emploi ».
2 to do brilliantly

3. Comment l'entretien se passe-t-il ? (en tête à tête, avec un comité, etc.)

4. Quelles sortes de questions est-ce qu'on pose ?

5. Quelles émotions est-ce que vous éprouvez face à cette situation ?

6. Qu'est-ce qu'on peut faire pour se préparer ?

Vocabulaire pour l'entretien d'embauche

l'accueil, *m.*	welcome, reception
avoir honte	to be ashamed
un cadre	executive
le candidat	candidate
un cartable	briefcase, satchel
un challenge	challenge
le comportement	behavior
confiant, *adj.*	confident
le contact oculaire	eye contact
un costume	men's suit
une cravate	necktie
un défi	challenge
embaucher	to hire
en tête-à-tête	one-to-one
l'entrevue d'emploi, *f.* (qb)	job interview
l'entrevue de sélection, *f.* (qb)	job interview
l'entretien d'embauche, *m.* (fr)	job interview
être à l'aise	to be comfortable, at ease
être embauché	to be hired
être fier	to be proud
être mal à l'aise	to be uncomfortable
faire un exposé	to give a report, a talk
flatter	to flatter
une grève	strike
s'impliquer	to get involved
imprévu, *adj.*	unforeseen
l'interlocuteur, *m.*	interlocutor (in a conversation)
le langage corporel	body language
licencier	to fire
un ouvrier	worker
un patron	boss
un pull	sweater
le recruteur	recruiter
la rencontre	meeting

le rendez-vous	meeting, appointment
reprendre (les affaires reprennent)	to resume (business has picked up again)
un salarié	salaried employee
une serviette	briefcase
un stage	internship
timide, *adj.*	shy, timid
une usine	factory

pour se saluer	**to greet each other**
faire la bise	to greet by kissing cheeks
les mains moites, *f.pl*	damp or sweaty hands
mou, molle, *adj.*	soft, dull, feeble
la poignée de main	handshake
se serrer la main	to shake hands
serrer la main de quelqu'un	to shake someone's hand
se tenir droit	to stand straight
se tutoyer	to address each other informally (with « tu »)
se vouvoyer	to address each other formally (with « vous »)

Qu'est-ce qu'un entretien d'embauche ?

L'entretien d'embauche représente votre succès aux étapes précédentes. Cela veut dire que vous avez déjà décroché l'intérêt de l'employeur et que vous avez bien justifié vos compétences par rapport aux demandes du poste. Maintenant, on vous donne l'occasion de vous faire connaître. L'entretien est, au contraire d'une demande d'emploi, une étape plutôt subjective. C'est l'occasion de rencontrer des collègues potentiels et c'est le moment de découvrir si le poste en question vous intéresse vraiment.

MC2 Expérience Stratégique au Canada explique l'entrevue d'emploi de la manière suivante[3] :

Qu'est-ce qu'une entrevue ?

....

• Rencontre professionnelle entre un candidat et un ou plusieurs représentants de l'entreprise qui consiste en un échange mutuel de renseignements.

• Processus de communication dans le cadre d'une rencontre pour faire une évaluation de vos compétences et de votre motivation.

• Le CV ayant franchi l'étape de la présélection, l'employeur désire rencontrer chaque personne pour l'évaluer. A la fin du processus d'entrevue, il sera ainsi mieux en mesure de choisir le candidat le plus compétent pour occuper le poste disponible dans son entreprise.

---

3   Source: « L'Entrevue d'emploi, » MC2 Expérience Stratégique, p. 70. licensed. My activity.

- Le chercheur d'emploi obtient ainsi une tribune pour faire valoir ses compétences, son expertise et sa personnalité.

Les étapes de l'entrevue d'emploi

L'accueil

- Comporte les présentations mutuelles et permet aux personnes présentes d'établir un climat de confiance et de se sentir à l'aise.

L'évaluation

- Moment important de l'entrevue, on effectue un retour sur le CV. On vérifie la motivation, les connaissances, le plan de carrière, les habiletés, les forces et les limites des candidats.

La conclusion

- La cueillette d'informations et les échanges mutuels étant terminés, le postulant peut, à ce moment-ci, clarifier certaines des réponses données au cours de l'entrevue et demander des précisions sur l'emploi et le milieu de travail, s'il le désire.

Activité

Selon les étapes indiquées, faites une liste de questions qu'on pourrait vous poser ou que vous pourriez poser au recruteur pendant chaque moment : l'accueil, l'évaluation, et la conclusion.

Comment se préparer pour un entretien

Il y a trois niveaux de préparation.

1er niveau : connaissance de soi[4]

- Bilan personnel : Faites une évaluation détaillée de votre formation, vos expériences professionnelles, vos habiletés[5] transférables, vos activités parascolaires, vos forces et vos limites. Illustrez-les par des exemples concrets.
- Maîtrise du stress : Rendez-vous sur les lieux avant, évaluez le temps pour s'y rendre, repérez les espaces de stationnement. Le jour de l'entrevue, évitez le stress inutile : argent pour le parcomètre, enfant à la garderie ... Par contre, la nervosité est normale compte tenu de l'impact que ce poste pourrait avoir sur votre carrière.

---

4   Source: slightly adapted from « Préparation à l'entrevue, » MC2 Expérience Stratégique, pp. 71-72, licensed. My activities. « Grille préparatoire » in Activité 2 comes from Atelier de recherche d'emploi, MC2 Expérience Stratégique, Université Laval, June 2008.

5   capacités (fr)

2ᵉ niveau : connaissance du poste

- Visualisez-vous dans le poste en question.
- Assurez-vous de bien connaître l'offre d'emploi, les tâches et les compétences exigées. Établissez des liens avec ce que vous connaissez de vous-même en regard de vos expériences de travail antérieures et appliquez-les au poste que vous convoitez.
- Révisez une liste de questions qui peuvent être posées en entrevue[6].

3ᵉ niveau : connaissance de l'entreprise

- Rencontrez quelqu'un qui occupe le même type d'emploi.
- Obtenez des informations sur l'entreprise :
  - la raison sociale exacte de l'entreprise
  - le lieu du siège social et des succursales
  - le nombre d'employés de l'entreprise
  - la nature des produits et des services offerts
  - la mission de l'entreprise
  - les projets de développement prévus
  - le style de gestion de l'entreprise
  - l'échelle salariale
  - les principaux concurrents

Où aller chercher des informations ?

- Vous pourrez trouver une foule de renseignements utiles aux endroits suivants :
  - Service de placement de votre université
  - Service des relations publiques de l'entreprise
  - Internet
  - Chambres de commerce
  - Centre local d'emploi
  - Centre local de développement
  - Municipalité

---

6 Consultez « Les questions du recruteur » dans ce chapitre pour une liste.

Activité 1

1. Vous avez déjà travaillé votre bilan personnel pendant les chapitres précédents du livre. Essayez maintenant de le résumer avec un partenaire. Donnez au moins une habilité transférable et illustrez-la avec un exemple précis.

2. Que faites-vous normalement pour gérer votre stress ? Quelles sont les stratégies qu'on peut utiliser spécifiquement pour éliminer le stress inutile ? Connaissez-vous votre réaction personnelle au stress ? Que pouvez-vous faire pour transformer ce stress en énergie positive ? Donnez trois stratégies précises pour maîtriser le stress.

3. Pour le deuxième niveau « connaissance du poste », pourquoi est-ce une stratégie utile de vous visualiser dans le poste ?

4. À votre avis, que peut-on faire en tant que candidat pour établir le climat lors d'une entrevue ?

5. Quelle sorte de recherche pouvez-vous faire pour vous préparer avant l'entretien ?

Activité 2

Voici une grille préparatoire pour un entretien d'embauche. Lisez encore l'annonce du poste à laquelle vous avez répondue lors des chapitres précédents et pensez à votre profil pour remplir la grille.

Titre du poste : _____

Employeur : _____

Exigences (tâches, responsabilités) du poste	Ordre de la priorité	**Je peux** faire cette chose	**Je ne peux pas** faire cette chose	Je peux → un exemple Je ne peux pas → ce que je vais faire pour améliorer

Activité 3

Maintenant, remplissez la grille préparatoire pour l'annonce suivante que vous avez analysée dans Chapitre 4 « Le Curriculum Vitae ».

Traducteur[7]

> **Stage, MC2 Expérience stratégique 2 place(s)**
> **Supérieur immédiat** : Coordonnateur
> **Description du stage** : Sous la supervision du coordonnateur d'opérations, le traducteur doit traduire les différents documents de l'entreprise.
> **Descriptions des fonctions** : En tant que traducteur, vous aurez l'occasion de traduire des documents de nature didactique et administrative provenant de tous les départements. Ainsi, vous ferez la traduction du français vers l'anglais et, à l'occasion, de l'anglais vers le français. De plus, vous aurez à utiliser différents outils linguistiques en ligne ainsi que le matériel en lien avec la traduction. À l'occasion, vous devrez aussi traduire des curriculum vitae et des lettres de présentation pour le Service de placement de l'Université. Votre expérience stratégique vous assurera de devenir plus compétitif sur le marché de l'emploi.
>
> Exigences et qualifications :
> - Être étudiant au baccalauréat, à la maîtrise ou au doctorat en terminologie et traduction ou traduction;
> - Avoir acquis au moins 45 crédits si vous êtes au premier cycle;
> - Connaître la suite Microsoft Office (Word, Excel, PowerPoint).
> - Être motivateur et motivé;
> - Avoir un bon esprit d'initiative;
> - Démontrer de la créativité;
> - Être capable de bien gérer son temps;
> - Avoir un excellent sens de l'organisation;
> - Être capable de s'adapter à diverses situations;
> - Désirer approfondir ses connaissances pratiques en traduction.

---

7   Source: http://www.mc2.ulaval.ca, MC2 Expérience Stratégique, licensed

Titre du poste : _____

Employeur : _____

Exigences (tâches, responsabilités) du poste	Ordre de la priorité	**Je peux** faire cette chose	**Je ne peux pas** faire cette chose	Je peux → un exemple Je ne peux pas → ce que je vais faire pour améliorer

Activité 4

Regardez bien votre CV et la manière dont vous vous présentez. Pour chaque emploi ou compétence mentionné dans votre CV, vous devez être prêt à donner des exemples précis qui illuminent vos forces professionnelles ainsi que vos qualités personnelles.

Pour chaque emploi précédent, répondez aux questions suivantes[8] :

1. Quelles connaissances deviez-vous posséder pour accomplir les tâches dans ce poste ?

2. Quelles qualités vous ont aidé à accomplir les tâches ?

3. Quelles ont été les plus grandes difficultés que vous avez affrontées dans cet emploi et comment les avez-vous résolues ?

4. Quel a été votre plus grand succès et pourquoi ? Donnez des exemples concrets.

5. Quels ont été les commentaires de vos collègues ou vos supérieurs à votre propos dans ce poste ?

6. Dans quelles situations avez-vous eu l'occasion de vous mettre en valeur ?

---

8   Source: adapted from « Exercice préparatoire à la recherche d'emploi, » MC2 Expérience stratégique, pp. 16-18, licensed

Quelles sortes de questions ?

On peut distinguer trois approches différentes dans la façon de poser les questions d'entrevue[9] :

Les questions ouvertes, non structurées, libres

- Il s'agit surtout de démêler l'information
- Donnez des réponses brèves et concises
- Ce genre de questions doit être préparé davantage que les autres
- Exemple : Parlez-nous de vous ! (sans préciser davantage le sujet)

Les questions semi-ouvertes, semi-structurées

- On dit que ce sont les meilleures parce qu'il y interaction avec l'employeur
- Exemple : Parlez-nous de vous sur le plan de ... (vos études, expériences de travail, etc.) pertinentes en fonction du poste.
- Il s'agit de faire un lien entre les exigences du poste et vos capacités

Les questions fermées

- Ce sont les questions auxquelles on peut répondre simplement par un « oui » ou un « non » ou qui ne nous laissent pas tellement de choix
- Astuce : Essayez de suivre votre réponse avec un exemple.
- Exemple : Êtes-vous bilingue ? Oui, l'anglais est ma langue maternelle et je parle couramment le français.

Les questions interdites ou discriminatoires[10]

- En Amérique du Nord, le recruteur n'a pas le droit de vous poser des questions personnelles telles que « Êtes-vous marié ? » ou « Avez-vous des enfants », mais en France et dans d'autres pays européens, ce type de question est acceptable. Ne soyez, donc, pas surpris si un employeur vous demande si vous avez des enfants ou si vous comptez en avoir. Cela leur semble pertinent à votre capacité de voyager ou de faire des projets à long terme. Répondez, donc, simplement et directement sans broncher.[11] Vous pouvez également

---

9   Source: Slightly adapted from « Les Questions, » MC2 Expérience Stratégique, p. 73, licensed

10   Source: Information for « Les questions interdites ou discriminatoires » is adapted from Atelier de recherche d'emploi, MC2 Expérience Stratégique, Université Laval, June 2008.

11   to flinch

répondre d'une manière générale (Ex. « Comme tout le monde, j'aimerais construire une vie familiale un jour »).

- S'il s'agit d'une entrevue au Canada, vous avez le choix de ne pas répondre ou de retourner la question. Exemple : « J'imagine que vous me posez cette question pour savoir si je vais être disponible … »

<u>Conseil</u> : Si vous pensez que l'employeur vous demanderait de faire des mises en situation ou des jeux de rôles lors de l'entrevue, vous pouvez toujours demander à l'avance quel type d'entrevue ce sera. Cela vous permettra de bien envisager les situations possibles et de vous y préparer.

Activité

Écrivez trois questions pour chaque type indiqué : les questions ouvertes, semi-ouvertes, et fermées. Ensuite, posez ces questions à un partenaire et imaginez des réponses possibles.

Comment répondre efficacement aux questions[12]

De plus en plus d'employeurs utilisent l'entrevue comportementale pour déterminer si vous possédez les qualités personnelles requises pour le poste. Ce type d'entrevue permet à l'intervieweur de découvrir si votre comportement antérieur dans des situations précises est garant de votre réussite dans l'entreprise et ce, en supposant que « le passé est garant de l'avenir … »

Pour bien performer dans ce type d'entrevue, il est essentiel de structurer vos réponses. Il est, donc, recommandé d'utiliser la méthode **C.A.R.** :

Contexte	Parlez à l'intervieweur du contexte de la situation et de ce que vous désirez réaliser.	15% de votre réponse
Action	Qu'avez-vous fait pour atteindre les objectifs que vous vous êtes fixés ?	70% de votre réponse
Résultats	Quels ont été les résultats ?	15% de votre réponse

---

12 Source: Adapted from « Comment répondre efficacement aux questions d'entrevue, » MC2 Expérience Stratégique, p. 74, licensed. Modified activity, p. 74, licensed

CAR : Contexte, Action, Résultats

Il n'existe pas de bonne ou de mauvaise réponse. Il est cependant important de fournir suffisamment de renseignements pour que l'intervieweur soit en mesure d'évaluer vos réalisations. Voici quelques exemples de questions de type béhavioriste :

- Décrivez une situation où vous avez utilisé votre créativité pour solutionner un problème.
- Parlez-nous d'une situation où vous avez dû traiter avec un client difficile.
- Donnez-nous un exemple où vous avez démontré votre leadership.

Activité

1. Exercez-vous maintenant à décrire des exemples concrets de situations qui démontre votre :

   a. leadership

   b. initiative

   c. capacité à résoudre des problèmes

2. Choisissez aussi deux autres compétences à décrire. Pensez à vos points forts. Pouvez-vous trouver des exemples pour démontrer ces capacités ?

3. Maintenant, essayez de répondre à la question suivante en respectant les pourcentages suggérés.

   Parlez-moi d'une situation dans laquelle vous avez fait preuve de créativité.

   15% : contexte de la situation

   70% : action

   15% : résultats concrets

   Conseil : Pour une réponse de 5 minutes, vous avez environ 45 secondes pour le contexte, 3 minutes et 30 secondes pour parler de l'action et 45 secondes pour parler des résultats. Demandez à un partenaire de vérifier combien de temps vous passez à chaque étape. Respectez-vous plus ou moins les pourcentages ?

Comment se présenter

L'entretien d'embauche est l'occasion pour l'employeur de vérifier vos compétences et aptitudes transférables, mais c'est aussi un moment d'explorer votre capacité à vous intégrer à une équipe. Est-ce que votre personnalité et vos expériences coïncident aux besoins de l'entreprise ? Êtes-vous bien adapté à la culture de l'entreprise ?

On va, donc, vouloir évaluer vos aptitudes psychologiques, intellectuelles et physiques ainsi que votre manière de vous exprimer. Votre expression inclut le langage, la concision, l'élocution, l'intonation ainsi que le regard, les gestes, la position corporelle, la poignée de main, et la tenue vestimentaire.

La formule pour réussir une entrevue d'emploi est, comme vous l'avez sans doute deviné, une bonne préparation, la sincérité et une attitude positive. Toutefois, certaines erreurs sont à éviter. En voici quelques unes[13] :

- ne pas s'impliquer
- donner des réponses fermées
- ne pas justifier ses affirmations
- dire des banalités
- être trop direct
- paraître prétentieux
- flatter à outrance
- s'étendre trop longuement
- se perdre dans les détails

- fuir la réponse
- refuser de répondre
- répondre de façon dispersée
- rester vague
- être négatif
- passer pour un opportuniste
- répondre avec agressivité
- être confus
- se répéter

En préparation pour l'entretien, une antisèche[14] vous permettra de vous concentrer et d'être confiant pendant l'interview. Il ne s'agit pas de mémoriser les détails nécessaires, mais de se souvenir des éléments clés.

Avant l'entretien

- Rappelez-vous de votre bilan personnel et faites des liens entre les exigences du poste et vos compétences et qualités.
- Faites de la recherche sur la société, le secteur d'activité, et le poste précis.
- Notez bien le lieu, la date et l'heure de l'entretien, ainsi que le titre et le nom de la personne avec qui vous avez rendez-vous. Vérifiez la prononciation correcte du nom si nécessaire.

---

13 Source: « L'Entrevue d'emploi (suite), » MC2 Expérience Stratégique, p. 80, licensed and information adapted from http://contenu.monster.fr/15732_fr_p1.asp (15 July 2010), and « 19 conseils pour réussir votre entretien d'embauche » http://www.references.be/art35625 (15 July 2010). Activities are mine.

14 cheat sheet

- Préparez des réponses aux questions les plus fréquemment posées telles que « Parlez-moi de vous. » (Voir les listes des questions dans ce chapitre).
- Faites une liste de vos réalisations professionnelles pour être en mesure de donner des exemples
- Préparez des questions pour le recruteur.
- Faites de la recherche sur les salaires en fonction du poste proposé et votre niveau d'expérience.
- Parlez avec vos références et demandez leur permission d'utiliser éventuellement leurs noms.
- Préparez des copies de votre CV et apportez de quoi écrire.
- Portez des vêtements professionnels qui vous donnent de confiance.
- Coupez votre téléphone mobile.
- Arrivez en avance, présentez-vous, et passez en revue vos réponses pendant que vous attendez.

Pendant l'entretien

- Levez-vous et serrez la main de votre recruteur d'une manière confiante et ferme (sans lui faire mal).
- Souriez, gardez le contact visuel avec le recruteur. Donnez une impression d'énergie et d'enthousiasme.
- Concentrez-vous sur les points préparés sans réciter.
- Ne dites pas simplement oui ou non mais donnez des exemples concrets si possible. Mettez l'accent sur les résultats de votre travail.
- Écoutez bien et posez des questions pertinentes.

À la fin et après l'entretien

- Si le poste vous intéresse vraiment, dites-le clairement au recruteur.
- Demandez la suite de la procédure. Y aura-t-il un deuxième entretien ? Quand est-ce que vous pouvez espérer avoir une réponse ?
- Remerciez le recruteur et demandez-lui sa carte de visite professionnelle (si vous n'avez pas déjà ses coordonnées) pour pouvoir le contacter après l'entretien.
- Prenez note de vos sentiments par rapport à l'entretien. Évaluez votre performance.
- Écrivez une lettre de remerciement au recruteur. C'est l'occasion d'expliquer encore une fois pourquoi vous êtes un choix sûr pour l'entreprise.

- Restez positif et enthousiaste même si vous pensez que l'entretien s'est mal passé. Il est possible que la réaction du recruteur n'ait rien à voir avec votre performance.

Conseil : Enregistrez un entretien simulé avec un ami pour identifier les erreurs auxquelles vous êtes susceptible.

Activité

De la liste d'erreurs ci-dessus, identifiez celles auxquelles vous êtes susceptible. Ensuite, identifiez une stratégie pour corriger ce problème.

Modèle :

Erreur : Je cherche un poste en architecture et je sais que j'ai tendance à trop flatter.

Stratégie : Je peux être plus concise et précise et choisir de parler des choses pertinentes au poste offert. Par exemple, au lieu de dire que je suis honorée d'avoir l'occasion de parler avec Mme X, la meilleure architecte au monde, je peux plutôt dire que c'est un plaisir de parler avec Mme X parce que j'admire l'immeuble Y qu'elle a dessiné l'année dernière.

Questions

1. Que pouvez-vous faire pour vous préparer pour l'entretien ?
2. Quelles sont deux des questions que vous pouvez préparer à l'avance ? Pourquoi pose-t-on ces questions ? Qu'est-ce que cela révèle du candidat ?
3. Qu'est-ce que vous devez apportez avec vous ?
4. Comment pouvez-vous montrer verbalement et par votre langage corporel que le poste vous intéresse ?
5. Quand vous parlez de vos expériences et de vos capacités, que faut-il faire ?
6. Que faut-il faire si vous pensez que l'entretien s'est mal passé ?
7. Que faut-il faire après l'entretien ?

Les Questions du recruteur

Pendant l'entretien, il faut tenir compte du fait que les recruteurs ont, eux aussi, leur propre personnalité et que parfois ils jouent un rôle précis pour mieux cerner vos capacités. Le plus souvent, on va rencontrer les recruteurs courtois, chaleureux, froids, curieux, silencieux et/ou débordés. Quelle que soit la personnalité du recruteur, gardez votre calme, restez positif et professionnel, et n'oubliez pas vos objectifs. Faites toujours des liens entre les besoins de l'entreprise et votre expérience ou vos capacités professionnelles.

Pour vous préparer d'avantage, étudiez aussi les questions les plus fréquemment posées lors d'une entrevue d'emploi. Voici une liste de questions souvent posées en entrevue.[15]

1. Quelles sont vos attentes pour ce poste ?
2. Si vous aviez à tracer un portrait de vous-même, comment vous décririez-vous ?
3. Qu'est-ce que vous pouvez apporter de plus à notre entreprise que quelqu'un d'autre ?
4. Vous nous avez dit que vous êtes bilingue. De quelle façon avez-vous appris l'anglais (ou une autre langue) ?
5. Citez certaines de vos réalisations qui indiquent que vous avez de l'initiative, de la créativité, etc.
6. Quels sont vos objectifs professionnels à court et à long terme ?
7. Comment réagissez-vous à la pression ?
8. Qu'est-ce que vous considérez comme vos principales forces et vos plus grandes limites ?
9. Quel genre de collaborateur êtes-vous ?
10. Parlez-nous de vous.
11. Avec quel genre de gestionnaire vous sentiriez-vous le plus à l'aise pour travailler ?
12. Selon vous, quel genre de relations interpersonnelles devrait-il exister entre votre gestionnaire et vous ?
13. Dans combien de temps estimez-vous devenir efficace dans notre entreprise et comment vous y prendrez-vous pour obtenir les compétence et/ou les informations qui vous manquent ?
14. Quel poste souhaiteriez-vous occuper dans cinq ans ?
15. Quelles sont vos réalisations les plus significatives et pourquoi ?
16. Que retenez-vous de votre formation ?
17. Avec quel genre de personnes avez-vous de la difficulté à communiquer ?
18. Décrivez-nous une situation où votre travail a été critiqué négativement et la façon dont vous avez réagi.
19. Pourquoi sollicitez-vous un emploi dans notre entreprise ?
20. Quel aspect de votre profession vous intéresse le moins ?
21. Qu'est-ce que vous trouvez le plus difficile dans votre recherche d'emploi ?
22. Pourquoi avez-vous quitté votre dernier emploi ?
23. Qu'est-ce qui vous a amené à choisir votre profession ?

---

15   Source for questions: « Exemples de questions posées en entrevue, » MC2 Expérience Stratégique, pp. 84-85, licensed

24. Parlez-nous de la mission et des valeurs de notre entreprise.

25. Êtes-vous intéressé et disposé à voyager ?

26. Quelles sont les qualités nécessaires pour réussir dans le travail que vous avez choisi ?

27. Parmi vos anciens mandats, quels sont les plus pertinents pour notre entreprise ?

28. Qu'est-ce qui vous intéresse le plus dans les services que nous offrons ou les produits que nous fabriquons ?

29. Pourriez-vous nous parler de votre façon de superviser le personnel ?

30. Quelle est votre philosophie du travail ?

31. D'après vous, quelles aptitudes sont exigées pour réussir dans une entreprise comme la nôtre ?

32. Êtes-vous disponible pour faire des heures supplémentaires ?

33. Quels sont les aspects les plus importants de votre vie professionnelle ?

34. Que retenez-vous de votre participation à des activités para professionnelles ou parascolaires ?

35. Quelles sont vos compétences et vos connaissances en informatique ?

36. Parlez-nous du dernier livre que vous avez lu ou du dernier film que vous avez vu, ou du dernier spectacle auquel vous avez assisté.

37. Quel salaire demandez-vous ?

38. Suivez-vous des cours de perfectionnement pour vous améliorer dans votre futur travail et avez-vous des projets de formation continue ?

39. Suivez-vous des cours pour approfondir vos compétences et vos connaissances personnelles ?

40. Parlez-nous des problèmes majeurs que vous avez rencontrés dans vos emplois antérieurs et de la façon dont vous avez surmonté ces problèmes.

41. Qu'est-ce qui vous attire dans la fonction proposée ?

42. Quelle est l'image que vous avez de notre entreprise? Pouvez-vous l'expliquer plus en détail ?

43. Comment voyez-vous l'évolution de votre carrière ?

44. Êtes-vous prêt à suivre des formations supplémentaires ?

45. Quelle était votre tâche exacte dans votre ancienne entreprise ?

46. Vous voyez-vous dans une fonction dirigeante ?

47. Préférez-vous le travail d'équipe ou le travail indépendant ?

48. Pouvez-vous travailler selon un horaire flexible ou préférez-vous les horaires fixes ?

49. Pourquoi désirez-vous quitter votre travail actuel ?

50. Quel salaire de base espérez-vous pour ce poste ?

Note: En Europe on favorise parfois l'éducation à l'expérience professionnelle. Il faut donc être capable de répondre aux questions concernant votre formation, telles que[16] :

1. Pourquoi avez-vous choisi telle formation ?
2. Comment expliquez-vous l'incohérence dans votre cycle d'études ?
3. Avez-vous mené une vie associative active dans votre école ou à l'université ?
4. Si vous pouviez recommencer vos études demain, reprendriez-vous la même orientation? Pourquoi (pas) ?
5. Quel genre d'étudiant étiez-vous ?

Exemples des questions qui portent sur votre vie privée :

1. Vous êtes jeune marié(e). Comptez-vous arrêter de travailler lorsque vous aurez des enfants ? Avez-vous des projets en ce sens ?
2. Que faites-vous de vos enfants lorsque vous travaillez ? Est-ce une solution temporaire ou définitive ?
3. Sortez-vous beaucoup ?
4. Quel genre de lecture aimez-vous ?

Conseil : Il y aura également les questions fréquemment posées qui sont spécifiques à votre métier. Faites une liste de quelques-unes que vous connaissez. Si vous n'avez pas d'idées pour ce type de question, parlez avec quelqu'un qui travaille actuellement dans cette profession pour en faire une liste préparatoire.

Activité

Identifiez les questions

- les plus faciles ✓
- les plus pertinentes
- les plus difficiles ✗
- les plus probables

Choisissez 10 questions auxquelles vous n'avez pas immédiatement de réponse et essayez d'y répondre avec un partenaire.

---

16 Source for questions 41-50 and following: « Quelques-unes des questions le plus fréquemment posées, » http://www.references.be/art3617 (14 July 2010). « Conseil » and following activity are mine.

Les Questions du candidat

S'il est important de se préparer pour les questions du recruteur, il est également important d'avoir des questions à poser. Cela vous permettra de démontrer votre motivation, vos ambitions, autant que vos valeurs et votre intérêt au poste. On risque de prendre le candidat qui n'a pas de questions pour une personne qui ne veut pas vraiment travailler avec l'équipe ou qui manque de motivation. Identifiez, donc, des questions précises qui pourraient révéler ce qui vous importe le plus.

Voici une liste de questions qui pourrait vous servir comme modèle[17].

1. Je m'intéresse davantage ou j'aimerais en connaître un peu plus au sujet de tel ou tel aspect des opérations de l'entreprise ou du travail, des tâches, etc. qui ont été soulevés lors de l'entretien.

2. Est-ce qu'il existe des programmes de formation au sein de votre entreprise ?

3. Y a-t-il d'autres tâches à l'intérieur de cet emploi ?

4. Pouvez-vous me parler des conditions de travail ?

5. À quel genre de carrière le présent poste peut-il mener ?

6. Pouvez-vous me parler des principaux défis que votre entreprise aura à relever au cours des prochaines années ?

7. Comment se développe le marché dans lequel évolue l'entreprise ? L'entreprise a-t-elle de bonnes chances de croissance dans le futur ?

8. L'entreprise ou le département ont-ils subi des changements fondamentaux de structure ou de stratégie ces dernières années ?

9. Pourquoi la fonction est-elle vacante ?

10. L'entreprise connaît-elle beaucoup de changements dans le personnel ?

11. Devrais-je suivre une formation au début, et si oui, pendant combien de temps ?

12. Y a-t-il des opportunités de progresser au sein de l'entreprise ?

13. Le contenu du travail pourrait-il subir de profonds changements à l'avenir ? Dans quel sens ?

14. Quand aurai-je des informations ou des nouvelles concernant votre décision pour ce poste ?

Notes

- Vous pouvez poser des questions pendant l'entretien afin de manifester votre intérêt (échange d'informations).
- Posez vos questions clairement et sans hésitation.

---

17 Source: questions adapted from « Exemples de questions à poser en entrevue, » MC2 Expérience Stratégique, p. 86, licensed and questions 7-13 from « Quelques questions pertinentes à poser en tant que candidat, » http://www.references.be/art3618 (14 July 2010).

- N'insistez pas pour obtenir une réponse plus complète de l'intervieweur.
- Essayez de déceler les signes qui démontrent que l'intervieweur est prêt à terminer l'entrevue.

Activité

1. Faites une critique de cette liste de questions. Qu'est-ce que chaque question révèle de vos valeurs, de votre motivation, ou de votre connaissance du poste ? Y a-t-il des questions dans cette liste que vous éviteriez de poser ? Pourquoi ou pourquoi pas ?

2. Quelles autres questions peut-on poser pendant un entretien d'embauche ? Avez-vous des questions précises au sujet du poste auquel vous postulez ?

3. Avec un partenaire, posez-vous des questions à tour du rôle. D'abord, une personne posera 5 questions en tant qu'employeur au candidat. Ensuite le candidat choisira 3 questions de la deuxième liste à poser à l'employeur. Après, changez de rôles.

À faire et à éviter

Comme vous l'avez déjà noté, pendant un entretien il y a certains comportements attendus et d'autres qu'il faut éviter. Vous ne pouvez pas « rater » un entretien d'embauche parce que ce n'est pas un examen avec des réponses absolument correctes. C'est un dialogue qui vous permet de vous faire connaître. Cela dit, il y a toujours des choses à faire et à éviter pour assurer votre succès.

À faire[18]

- Soyez préparé. Si vous ne l'êtes pas, vous pouvez donner l'impression d'être paresseux ou de ne pas être intéressé par le poste. Faites donc de la recherche pour bien connaître l'entreprise, le métier, et les compétences requises. Soyez également prêt à démontrer vos connaissances linguistiques.

- Préparez-vous pour les questions du recruteur en consultant la liste des questions les plus fréquemment posées. Pensez à l'avance aux réponses que vous donneriez.

- Posez des questions. Cela vous permet de démontrer votre intérêt, vos valeurs, et votre motivation.

---

18   Source: information from « Entretien d'embauche, » http://www.references.be/art3616 (14 July 2010).

- Déplacez la date du rendez-vous si nécessaire, surtout si vous êtes malade. Vous voulez être en forme et bien préparé pour l'entretien.

- Soyez ponctuel. Vérifiez à l'avance l'adresse et le temps qu'il vous faudra pour y arriver. Faites le trajet à l'avance si possible. S'il vous arrivait d'être en retard, téléphonez au recruteur pour le prévenir.

- Restez positif à votre sujet. Ne parlez pas de votre manque de connaissances autant que de votre capacité ou volonté d'apprendre.

- Dites si vous ne savez pas la réponse à une question. Cela peut vous aider à éviter la panique.

- Utilisez le nom correct. Ça ne fait pas bonne impression d'oublier le nom du recruteur ou de se tromper de nom.

- Renseignez-vous sur la procédure de recrutement et les étapes suivantes.

- Si c'est possible, montrez que vous êtes à l'aise. Vous pouvez même utiliser un peu d'humour si ce n'est pas mal placé.

- Apportez une copie de votre lettre de motivation et de votre CV au cas où on vous les demande.

- Soyez prêt à parler de vos études ou d'un projet spécial que vous avez complété (un mémoire, par exemple, qui est lié aux besoins du poste). Cela peut vous permettre de parler de vos connaissances d'une manière intéressante et concrète.

- Informez-vous sur les règles vestimentaires de l'entreprise.

- Apportez de quoi écrire pour prendre des notes pendant l'entretien.

À éviter

- Ne faites pas un monologue, et évitez les « euh », les « je ne sais pas », les phrases trop longues, et trop de jargon. Faites attention à combien de temps vous parlez et écoutez bien votre interlocuteur.

- Ne vous vantez pas. Parlez de vos qualités ou compétences de façon professionnelle. Les candidats qui prétendent avoir tout réussi sont difficiles à croire.

- Ne soyez pas négatif sur votre propos et ne dites rien de négatif de vos employeurs passés ou actuel.

- Ne paraissez pas désespéré. Vous ne voulez pas faire croire au recruteur que votre seule motivation est l'argent.

- Ne paraissez pas mal coiffé, mal habillé, ou sale. Évitez les vêtements froissés ou les odeurs de transpiration (ou même trop de parfum) qui vont laisser une mauvaise impression.

- Ne soyez pas trop familier une fois l'entretien « terminé ». Le recruteur gardera une impression de ces derniers moments.

- Ne parlez pas de l'argent à moins que le recruteur vous pose la question. Normalement, les questions du salaire ne sont abordées qu'au cours du deuxième ou troisième entretien. Si on vous demande vos attentes salariales, ne répondez pas avec des exigences. Parlez-en avec précaution et de façon réaliste. Quelques moteurs de recherche pour l'emploi, tel que references.be donnent un « compas de salaires » pour vous aider à bien négocier.

- Ne refusez pas de répondre aux questions personnelles comme « Avez-vous des enfants ? » ou « Envisagez-vous d'avoir des enfants ? ». De même, ne réagissez pas d'une manière offensée. Les questions sur la vie privée et la situation familiale sont autorisées en Europe si elles ont un rapport avec les fonctions du poste. Répondez de manière brève et concise. Si ce type de question vous gène, vous pouvez également répondre vaguement ou de façon évasive. Par exemple, « Oui, comme tout le monde, il m'arrive de penser à avoir des enfants un jour. » Vous pouvez également demander pourquoi on vous pose cette question[19]. En principe, vous pouvez refuser d'y répondre, mais si vous êtes trop direct, vous risquez de perdre le poste. En même temps, il est strictement interdit pour vous de poser de telles questions à votre intervieweur.

- Ne mentez pas. Un mensonge entame toujours d'autres et vous risquez de vous faire découvrir.

Peut-on contacter l'entreprise ?

- Vous pouvez demander en fin d'entretien quand espérer une réponse. Après le délai normal, vous pouvez téléphoner au recruteur pour demander où en sont les choses. Néanmoins, limitez-vous à un seul appel.

- Vous pouvez téléphoner à l'entreprise s'il vous reste des questions.

- S'il vous semble que vous n'avez pas bien réagi à certaines questions pendant l'entretien, vous pouvez également téléphoner afin d'obtenir du feedback. C'est également une deuxième (et dernière) occasion de convaincre le recruteur de vos compétences.

- Il ne faut pas croire que les entreprises attendent votre appel pour tester votre motivation.

Quelques conseils supplémentaires

- Le problème de l'entretien est qu'on n'est jamais seul. Il y a toujours le candidat qui vient avant et celui qui vient après pour influencer l'opinion du recruteur. Il faut se demander, alors, comment allez-vous vous distinguer des autres ?

---

19 En Amérique du Nord, les questions qui portent sur la vie privée sont interdites. Néanmoins, il est plus judicieux de ne pas répondre de façon agressive. Essayez plutôt de détourner la question et restez toujours poli.

- N'oubliez pas que le recruteur peut être lui-même nerveux, stressé, ou non expérimenté. Il arrive parfois que l'on vous pose des questions mal formées ou imprécises. Vous pouvez toujours demander des clarifications si vous ne comprenez pas bien le sens de la question.
- Quand on vous demande, « Pourquoi êtes-vous un bon candidat ? », répondez dans le style, « Vous cherchez …., j'ai …. ». Cette stratégie vous permettra de faire un lien direct entre les besoins du poste et vos compétences.
- Selon l'article « Embauche : Évitez les gaffes de l'entretien » dans L'Express[20], il vaut mieux éviter de servir des pistons et recommandations si possible parce qu'ils risquent d'avoir des effets négatifs. « Le piston » en langage familier veut dire que vous vous appuyez sur vos relations pour obtenir un avantage, surtout pour obtenir un poste. Ce n'est pas la même chose que le réseautage au Canada dont nous avons parlé en chapitre 3. Tandis que le réseautage sert surtout à trouver des postes au marché caché et de se faire connaître justement pour ses connaissances et qualités auprès d'une communauté plus large, obtenir un piston ou « se faire pistonner » implique que c'est à grâce à qui vous connaissez, et non pas à cause de vos compétences, que vous avez obtenu votre poste. Le piston peut aussi porter des contraintes, si par exemple, le poste ou la fonction ne vous conviennent pas. Vous pouvez vous trouver bloqué dans ce poste de peur de décevoir votre « bienfaiteur ».

Questions

1. Qu'est-ce qu'il faut savoir avant l'entretien ? Qu'est-ce que vous pouvez faire pour vous préparer ?
2. Identifiez les 5 choses les plus importantes à faire ou à évitez à votre avis.
3. Qu'est-ce qu'on fait des questions personnelles ? Qu'est-ce que vous pensez de cette circonstance ? Expliquez pourquoi ce serait parfois utile pour l'employeur de poser ces questions. Est-ce justifié à votre avis ?
4. Comment peut-on réagir aux questions qui portent sur les vues financières ?
5. Identifiez des questions utiles à poser en tant que candidat. Y a-t-il des questions à éviter ?
6. Dans quelles situations est-ce qu'on peut téléphoner au recruteur ? Que pensez-vous de ces cas ? Téléphoneriez-vous ? Pourquoi ou pourquoi pas ?
7. Expliquez ce que vous pensez de l'idée de s'appuyer sur ses relations pour décrocher un poste. Quels sont les avantages ou désavantages de ce système ?

---

20 Source: http://www.lexpress.fr/info/quotidien/rss.asp?id=12254 22 juin 2007 (22 June 2007)

Décoder le langage corporel[21]

Avant de lire

1. Avec un partenaire, faites une liste de toutes les choses qui sont comprises dans le langage corporel.

2. Pouvez vous connaître quelqu'un sans lui parler ? Pourquoi ou pourquoi pas ? Quelles sortes de choses est-ce que vous pouvez connaître d'une personne par rapport à leur apparence physique et leurs gestes ?

3. Analysez les images des candidats dans les images suivantes. Avec un partenaire, discutez les sentiments ou la personnalité de chaque personne. Qu'est-ce qui se passe dans l'image ? Est-ce que le candidat va réussir l'entretien, à votre avis ?

candidat 1

candidat 2

candidat 3

candidat 4

---

21   Sources for information: « Le langage du corps, » http://debutants.monster.fr/15266_fr_p1.asp
     (15 July 2010) and « Langage corporel, » http://www.references.be/art3260 (15 July 2010)

Comment se tenir

Saviez-vous que 55% de l'impression que vous transmettez à un interlocuteur est le résultat de votre langage corporel ? La voix intervient pour 38% et seulement 7% vient de vos mots. Quand vous rencontrez une personne pour la première fois, vous faites dans une minute une évaluation d'elle. Il faut, donc, être bien conscient de ce que vous dites par vos gestes.

Quelles choses sont comprises dans votre langage corporel ?

- la manière de s'habiller
- le contact oculaire
- l'écoute attentive
- la manière de se tenir dans une chaise
- la poignée de main
- les bras croisés ou ouverts
- les tics (faire de la batterie avec un stylo)
- la voix
- le sourire
- le maquillage et les accessoires

Voici quelques clés pour faire bonne impression lors de votre entretien d'embauche.

- Adaptez votre style vestimentaire à l'entreprise et au poste que vous convoitez.
- Portez des vêtements qui vous mettent à l'aise et qui sont suffisamment confortables. Si porter une cravate vous gêne énormément, il vaut mieux ne pas la porter.
- Ne négligez pas votre apparence ou vos vêtements. Habillez-vous de manière que le recruteur puisse vous faire confiance. Il faut avoir une hygiène et un look soigné.
- Quand le recruteur apparaît pour vous rencontrer, ne bondissez pas de votre siège. Attendez qu'il vous adresse la parole avant de vous lever.
- Entrez d'un pas assuré et regardez l'employeur dans les yeux.
- Serrez la main d'une manière pas trop ferme et pas trop molle.
- Si le recruteur ne vous indique pas une chaise pour vous asseoir, choisissez une position d'où vous pouvez facilement le voir. Parfois il est préférable de se mettre à l'angle d'une table, ce qui donne une proximité au recruteur tout

en gardant un caractère professionnel. On peut, de cette position, détacher le regard sans avoir l'air d'éviter le contact oculaire.

- S'il s'agit d'un entretien avec plusieurs intervieweurs, regardez chacun d'eux, et ne détachez pas votre regard pendant qu'on vous pose une question. Cela vous permettra de montrer que vous écoutez attentivement. Pourtant, il ne faut pas fixer une seule personne pendant tout l'entretien. Sachez quand détacher votre regard pour réfléchir aux réponses, etc.

- Souriez pour montrer votre esprit ouvert. Le recruteur regarde toujours d'abord le visage du candidat et vous voulez manifester que vous êtes content de le rencontrer. Même pour les entretiens téléphoniques, le sourire peut s'entendre.

- Vous voulez montrer que vous êtes à l'aise, alors essayez de marcher et de vous asseoir de manière décontractée. Être un peu nerveux est bon signe mais vous ne voulez pas apparaître angoissé par l'entretien. Au fur et à mesure, vous vous sentirez plus à l'aise et vous pouvez changer de position, faire des gestes, vous pencher en avant, etc. Ne restez pas figé ou immobile pendant tout l'entretien.

- Tenez compte de la position de votre interlocuteur. S'il est du genre placide, faites attention à ce que vous ne balanciez pas trop sur votre chaise pour ne pas paraître hyperactif.

- Soyez conscient de vos tics nerveux et les gestes incontrôlés provoqués par le stress. Vous ne voulez surtout pas transmettre votre stress au recruteur. Faites un entretien simulé avec un ami ou un parent ou filmez-vous pour bien évaluer ces tics.

- Tenez-vous droit quand vous marchez ou quand vous êtes debout.

- Ne croisez pas les bras parce que cela envoie un message défensif au recruteur. Les bras croisés montrent une barrière. Posez donc vos bras sur vos genoux ou sur la table. Si nécessaire, tenez un stylo pour vous donner un support en faisant attention à ne pas jouer avec. De même, ne remuez pas trop vos pieds.

- Soyez conscient de vos tics nerveux et les gestes incontrôlés provoqués par le stress. Vous ne voulez surtout pas transmettre votre stress au recruteur. Faites un entretien simulé avec un ami ou un parent ou filmez-vous pour bien évaluer ces tics.

- Ne portez pas trop de bijoux qui pourraient distraire le recruteur ou faire du bruit lorsque vous bougez la tête. De même, ne portez pas trop de maquillage et évitez de porter un décolleté[22].

---

22   plunging neckline

Questions

1. Qu'est-ce qui détermine une première impression d'une personne ?

2. Quel pourcentage du message est transmis par le langage corporel ? par la voix ? par les mots ?

3. À votre avis, quels tics nerveux faut-il éviter lors d'un entretien ? Dressez une liste avec un partenaire.

4. Que peut-on faire pour se montrer positif avec son langage corporel ?

5. Quelle est votre impression de quelqu'un qui reste les bras croisés pendant un entretien ? Et si votre interlocuteur regarde toujours sa montre ?

6. Regardez encore les images dans la partie « Avant de lire » et « Comment se tenir ». Discutez avec un partenaire, « Quel message est-ce que chaque personne transmet par son langage corporel ? » Regardez aussi les images suivantes pour faire la même analyse. Qu'est-ce qu'on peut faire pour améliorer son langage du corps ?

Visionnement 1: Vidéos du succès « Savoir serrer la main »

Avant de regarder

La poignée de main semble être un geste évident, mais c'est aussi un comportement bien révélateur. Selon l'article, « Comment donner la main », sur references.be[23] la position de votre main révèle quelque chose sur votre tempérament. Présenter la main la paume vers le bas indique un tempérament dominant. Le bras raide montre que vous ne voulez pas permettre l'autre dans votre cercle intime. Si vous présentez votre main le bras tendu et la paume vers le bas, vous obligez l'autre à la recevoir en position subordonnée. Vous pouvez contrôler la distance et la proximité de l'autre de cette position.

Une poignée de main molle ou qui effleure le bout des doigts de l'autre est généralement perçue comme désagréable. Si vous présentez une main flasque vous donnez l'impression que votre personnalité est également molle ou que vous êtes timide. Il faut donc serrez la main vigoureusement. Ne serrez pas la main d'une femme avec trop de force. Si elle porte une bague, cela risque de lui faire mal. D'ailleurs, si vous n'êtes pas conscient de l'effet que votre poignée de main produit, demandez à vos amis de vous serrez la main pour tester sa réaction.

Regardez la personne dans les yeux lorsque vous lui serrez la main et donnez en même temps votre nom si vous vous rencontrez pour la première fois.

La poignée de main est différente en Amérique du Nord et en Europe. Tandis qu'en Europe on effectue normalement un seul mouvement léger de haut en bas, en Amérique du Nord, on a tendance à le faire plusieurs fois (normalement trois fois). Dans les deux cas, ne tenez pas trop longtemps la main de votre interlocuteur : vous ne voulez pas donner l'impression de le tenir prisonnier. Cela dit, il ne faut pas, non plus retirez trop rapidement la main parce que cela peut indiquer que vous êtes timide.

N'oubliez pas qu'à la fin de l'entretien, vous devez à nouveau serrer la main de votre interlocuteur.

Questions

1. Faites la poignée de main avec un partenaire selon les coutumes de votre pays.
2. Selon l'article « Comment donner la main », qu'est-ce que la poignée de main peut révéler de la personnalité ? Que pensez-vous ? Est-ce valable pour votre poignée de main ?
3. Quelles sortes de choses sont gênantes quand on se serre la main ?

---

23 Source: Information from « La poignée de main: Comment donner la main, » http://www.references.be/art3266 (16 July 2010).

Visionnement

Regardez la vidéo de Vidéos du Succès, « Savoir serrer la main »[24] disponible sur www.pullins.com/Hubbell/BusinessFrench pour identifier les 7 points pour réussir une bonne poignée de main. Trouvez les mots qui manquent et répondez aux questions suivantes.

1. On y va à mains _____.
2. Que veut dire « les mains moites » ? _____.
3. À quelle distance doit-on commencer pour se serrer la main ?
   _____.
4. Le contact _____ est le deuxième point.
5. Si on ne vous regarde pas, vous pouvez toujours avancer. V/F
6. On envoie le bras _____, pas trop
   _____.
7. On commence à serrer la main avec _____.
8. Pourquoi doit-on monter doucement la pression ?
9. Le point numéro 5 est lié à/au _____. Cela veut dire un mouvement léger de haut en bas en rythme avec l'autre.
10. Le point numéro 6 est lié à _____.
11. Pourquoi est-ce que le contact visuel est important pour bien se serrer la main ? Donnez trois raisons.

Après avoir regardé

Avec un partenaire, essayez de bien se serrer la main, d'abord comme en Europe et ensuite comme en Amérique du Nord.

Avez-vous d'autres conseils à ajouter pour bien se serrer la main ? Qu'est-ce que vous préférez comme poignée de main ? Pourquoi ?

Pour aller plus loin

Regardez le film « Simulation d'entretien d'embauche: L'œil de l'entrepreneur en position de recruteur » au site http://www.canal-educatif.fr/videos/economie/11/simulationrecrutement/simulation-entretien-recrutement.html.

L'entrepreneur vous donne une analyse des entretiens d'embauche en soulignant les points positifs et négatifs pour chaque candidat.[25]

---

24 Also available at http://www.youtube.com/user/VideoPeps#p/u/3/O-uzdyuP2TE. Permission granted by HK and PPC.

25 The video is searchable and downloadable at http://www.canal-educatif.fr/economie.htm# and also available on YouTube at http://www.youtube.com/watch?v=gBZ3yx6LjE0&feature=fvw.

Ensuite, faites de la recherche sur Internet pour trouver au moins trois autres entretiens d'embauche filmés. En regardant les vidéos, remplissez la grille d'analyse pour chaque candidat. Essayez de répondre aussi aux questions suivantes :

1. Quelles questions est-ce que l'employeur prospectif pose au candidat ?
2. Comment caractérisez-vous la personnalité du candidat ?
3. Que pouvez-vous savoir du candidat par son langage corporel ?
4. Est-ce que le candidat réussit l'entretien à votre avis ? Expliquez.

Analyse des entretiens d'embauche

	Ce que le candidat fait bien	Ce que le candidat doit améliorer
entretien 1		
2		
3		
4		
5		

Des vidéos conseillées

- Un court métrage, « A l'état d'é(m)bauche » http://www.youtube.com/watch?v=Wg2gurlJm7c&feature=rec-lis-watch-cur_emp-exp_fresh+div
- Vidéos du Succès : « Réussir l'entretien d'embauche » disponible sur www.pullins.com/Hubbell/BusinessFrench[26]
- « L'Entretien » dans Radishes and Butter : Doing Business with the French de Jo Ann Hinshaw (Cambridge: Schoenhof's Foreign Books, 1996). Le film n'est pas récent mais les différences culturelles sont explorées en profondeur.

---

26 Also available at http://www.youtube.com/watch?v=lNzIQ76kSno&feature=related. Permission granted by HK and PPC.

Activité orale: Passer un entretien d'embauche

Mettez-vous en groupes de 2 ou 3 étudiants. Vous pouvez désigner une personne qui interviewe deux candidats, ou deux personnes qui interviewent un candidat ou faire un entretien en tête à tête. Le jour de la présentation, vous distribuerez une annonce à la classe pour le poste. Vous pouvez utiliser une liste de questions déjà préparées pour le candidat, et le candidat peut consulter son CV personnel. Essayez d'avoir un entretien naturel : évitez les scripts et la mémorisation. Pendant votre entretien, vos camarades de classe rempliront la grille « Analyse des entretiens d'embauche » pour évaluer votre performance. Critères d'évaluation : effort et enthousiasme, culture, vocabulaire et structures, compréhensibilité.

Analyse des entretiens d'embauche

	Ce que le candidat fait bien	Ce que le candidat doit améliorer
entretien 1		
2		
3		
4		
5		

Visionnement 2 : Ressources humaines « L'Entretien »

Scène 5 : La Première Rencontre avec l'administration

(M. Chambon, directeur des ressources humaines, et le Chef de l'entreprise, M. Rouet)

(12m29s à 15m42s)

Avant de regarder

1. Pendant un entretien, comment faut-il adresser l'intervieweur ? Quel niveau de politesse doit-on conserver ?

2. Combien d'heures par semaine travaille-t-on normalement aux États-Unis ? Que pensez-vous de la durée de la semaine du travail ? Est-ce suffisant ? Est-ce trop ?

3. Imaginez que le gouvernement décide d'augmenter le nombre d'heures dans la semaine du travail. Quelles seraient les réactions des travailleurs ? Et si on décidait de réduire la semaine du travail ? Quelle serait la réaction des chefs d'entreprise ?

Visionnement

Dans cette scène, Frank rencontre le directeur de ressources humaines et le chef de l'entreprise dans l'usine où il effectuera son stage. Frank fait son stage comme une partie de sa formation, et par conséquent, il a choisi un sujet précis à étudier. Regardez la scène avec les sous-titres en anglais.

1. Est-ce que le cadre est impressionné par Frank? Expliquez.
2. Quel domaine est-ce que Frank a choisi pour son travail ?
3. Est-ce que Frank et le cadre se vouvoient ou se tutoient ?
4. Quel est le sujet que Frank va étudier pendant son stage ?
5. Pourquoi est-ce que Frank a choisi d'effectuer son stage dans cette usine ?
6. Frank a de beaux souvenirs de l'entreprise. V/F
7. Combien de salariés ont été licenciés pendant l'année précédente ?
8. Les affaires reprennent. V/F
9. La semaine de 35 heures va créer des emplois dans l'entreprise. V/F
10. M. Rouet, le patron, ne veut pas avoir de collaborateurs avec des convictions. V/F
11. Comment peut-on caractériser le style par lequel Frank répond au patron ?
12. Le patron veut savoir l'opinion de Frank. V/F
13. Expliquez ce que Frank pense de la semaine de 35 heures.

14. Frank pense que le changement va être simple. V/F

15. Les cadres sont contents de la réponse de Frank. V/F

Après avoir regardé

Regardez encore une fois l'entretien et évaluez Frank lors de sa première rencontre avec le chef de l'entreprise. Réussit-il à toutes les étapes ?

- Est-il bien préparé ?
- Comment se tient-il ?
- Comment est-il habillé ?
- Que dit-il par son langage corporel ?
- Donne-t-il d'exemples concrets pour soutenir ses réponses ?
- Évite-t-il de dire des choses négatives ?
- Qu'est-ce qu'il peut faire pour améliorer son entretien ?

Pour aller plus loin

Regardez aussi la scène 6 « Visite de l'usine » (15m43s à 17m28s) et scène 7 « À la maison : Comment se comporter au travail » (17m29s à 19m).

- Qu'est-ce que nous apprenons de la proximité et la distance entre les personnages ?
- Quelle est la hiérarchie dans l'usine ? Selon les personnages dans le film, est-il important de la respecter ? Pourquoi ou pourquoi pas ? Qu'en pensez-vous ?

Note : En regardant le film entier, les étudiants apprendront des sujets tels que le syndicalisme, les grèves, et la semaine de travail de 35 heures.

Visionnement 3 : Vidéos du Succès « Embauche : les questions qui tuent »

Avant de regarder

1. Quand vous pensez aux questions potentielles pendant un entretien d'embauche quelles sont les questions auxquelles la réponse est facile pour vous ? Expliquez pourquoi. (Regardez la liste des questions du recruteur dans ce chapitre pour vous aider.)

2. Quelles questions sont les plus difficiles et pourquoi ?

Visionnement

Lisez les questions suivantes avant de visionner. Ensuite, regardez la vidéo sur www. pullins.com/Hubbell/BusinessFrench et répondez aux questions[27].

1. Quel est le premier conseil d'Henri face aux questions qui tuent ?

2. Que faut-il faire pour se préparer à ce type de question ?

3. Remplissez les trous avec le mot qui correspondent au dialogue :

   a. Parmi toutes vos _____ tout à fait excellentes, quelles sont celles qui correspondent exactement _____ que je vous propose ?

   b. Il êtes-vous arrivé de ne pas _____ avec votre boss ou avec vos collègues ou avec vos collaborateurs ? Comment vous faites pour vous _ _____ de ce piège ?

   c. Vous avez déjà vécu une _____, probablement, alors comment vous avez fait pour vous sortir du pétrin[28] de la situation clé ?

   d. Vous avez _____ contre tout le monde, vous êtes persuadé d'avoir raison et tout le monde dit mais non, c'est pas comme ça qu'il faut faire. Alors comment vous allez _____ dans cette situation ?

   e. Quelles sont les _____ que vous allez utiliser pour le job en question ?

   f. Imaginez que j'appelle votre ancien boss, comment décrirait-il votre ____ _____ ? (ou vos collègues, aussi votre entourage). Qu'est-ce que disent vos _____ de groupe ?

   g. Avec quel _____ vraiment avez-vous le « fit »[29]. Est-ce que vous préférez travailler avec des gens qui ont _____ _____ très dur ou au contraire très à l'écoute. Quels sont vos _____. Cette équipe a un certain _____ et il faut que vous entendiez bien avec cette équipe-là.

Questions bonus :

- Quelle est votre plus grande _____ et aussi quelles sont vos plus grandes _____ .

- Dans votre ancien job, quels ont été vos plus grandes _____ et vos plus grands _____ ?

- D'après vous, quelles sont les _____ que vous allez confronter dans ce poste ?

---

27 Also available at http://www.youtube.com/user/VideoPeps#p/u/3/cfLLy-8duPA. Used with permission from HK and PPC.

28 être dans le pétrin = to be in a tight spot, a bind, a sticky situation, a pickle

29 anglicisme, « avoir le fit » = correspondre à

Note : Le cameraman dit, « C'est bateau » à certaines questions qu'Henri propose. Une « question bateau » est une question facile.

Après avoir regardé

Regardez l'annonce d'un poste qui vous intéresse, et essayez de répondre à ces questions selon les critères de cet emploi.

Avec un partenaire, imaginez d'autres questions difficiles qu'on pourrait vous poser lors d'un entretien d'embauche. Ensuite, posez les deux questions les plus difficiles que vous avez créées à un autre groupe d'étudiants.

Chapitre 7

La Communication professionnelle

Dans le chapitre 5, vous avez appris à écrire une lettre de motivation. Cela vous servira d'exemple pour d'autres formes de communication professionnelle. Ce chapitre vous présentera les informations de base pour écrire une lettre de remerciement aux recruteurs, pour faire un appel de suivi, et pour analyser d'autres sortes de lettres et formulaires nécessaire pour votre vie professionnelle.

Vocabulaire pour la communication professionnelle

pour une lettre	for a letter
un accusé de réception	acknowledgement of receipt
ci-joint	attached
une circulaire	flyer, circular letter
dactylographié	typed
un destinateur	addressee
un expéditeur	sender
un en-tête	header, letterhead
une enveloppe	envelope
une formule de conclusion	closing salutation
une formule de politesse	form of address
interligne	line spacing (double interligne = double spaced)
majuscule	capital (letter)
manuscrit	handwritten
minuscule	lowercase letter
la salutation finale	closing salutation
la signature	signature
une pièce jointe	attachment
une police	font
une police de caractère	typeface
recto verso	on both sides
un timbre	postage stamp
une vedette	header (Canada)

pour l'Internet	for the internet
un abonnement	subscription
une adresse	address
une adresse URL	URL address
un annuaire	directory
annuler	to cancel
une boîte de réception	inbox
un brouillon	draft
consulter	to check (your email)
une corbeille	trash
un courrier électronique	e-mail
un courriel (qb)	e-mail
le débit de traitement	data speed
déplacer	to move
un dossier	folder
un email (fr)	e-mail
envoyer	to send

faire suivre	to forward
un fournisseur	Internet provider
haut débit	high-speed (internet)
héberger	to host
joindre	to attach
un lien	link
un logiciel	software program
un mail (fr)	e-mail
un message électronique	e-mail message
une messagerie électronique	message service
une messagerie vocale	voicemail service
un moteur de recherche	search engine
un navigateur	browser
un nom de domaine	domain name
objet	subject
une page d'accueil	homepage
une page Web	webpage
répondre	to reply
un serveur	server
un spam	spam
supprimer	to delete
surfer	to surf
télécharger	to download
la toile d'araignée mondiale	World Wide Web
transmettre	to forward
un virus informatique	computer virus

pour passer une commande — **to place an order**

une adresse	address
l'adresse de facturation, *f.*	billing address
l'adresse de livraison, *f.*	shipping address
un article	item
un bon	coupon, voucher
un bon d'achat	gift certificate
un bon de commande	order form
un bon de livraison	delivery slip
un bon de réduction	(discount) coupon
la douane	customs
un exportateur	exporter
une facture	invoice
un importateur	importer
la livraison	delivery
le mode de livraison	method of delivery
le mode de paiement	method of payment

le montant total	total cost
le numéro de récépissé	confirmation number
la quantité (qté)	quantity
le récapitulatif de commande	order summary
la TVA (taxe à la valeur ajoutée), *f.*	VAT

pour les transactions bancaires   **for banking transactions**

un bancomat	automatic teller machine (ATM)
un débit	debit
la devise	currency
un découvert	overdraft
le montant	amount, sum, total
un récépissé	receipt (for payment)
un relevé	summary, statement
un relevé d'identité bancaire (RIB)	bank and account number
le solde (de compte)	(bank) balance
le total	total
une transaction	transaction
un versement	deposit
verser	to pay

La Lettre de remerciement

Pourquoi ?

Vous avez passé votre entretien d'embauche, mais vous voulez que le comité de sélection se rappelle votre candidature. Que pouvez-vous faire pour laisser une dernière impression positive ? Selon Paolo Maillette dans son livre *CV Expert*, « La lettre de remerciements[1] est très peu utilisée par les chercheurs d'emploi et pourtant elle peut être déterminante. C'est une façon de vous démarquer des autres candidats et elle ne prend que quelques minutes à rédiger » (253).

Même si on ne retient pas votre candidature, la lettre de remerciements peut vous être utile. C'est une manière de rappeler votre intérêt au poste et de garder une communication ouverte avec l'entreprise. Parfois les recruteurs partagent des informations sur les candidats et votre candidature pourrait même être transmise pour un autre poste. La lettre de remerciements vous permet d'élargir votre réseau de contacts. Vous n'avez qu'à dire que vous êtes également disponible pour d'autres postes vacants.

---

[1] Au Canada on dit « letre de remerciements » tandis qu'en France on dit « lettre de remerciement ».

Que mettre dans la lettre ?[2]

Vous avez déjà rencontré le recruteur, alors, il faut à tout prix éviter les formules figées et les lettres trop générales. Utilisez les informations acquises lors de l'entretien pour adapter ou personnaliser votre lettre. Si vous êtes certain que le destinataire recevra la lettre, vous pouvez l'envoyer par courrier électronique.

Tout comme la lettre de motivation, il faut bien organiser la lettre. Le lieu et la date doivent être alignés sous votre adresse (soit à gauche soit à droite).

Exemple : Québec, le 27 mars 2011

La vedette, ou l'adresse de la personne à qui vous écrivez, prendra également la même forme que dans la lettre de motivation. Commencez avec le titre de civilité (Madame, Monsieur), et écrivez le prénom, le nom, le titre professionnel et l'adresse du destinataire. La vedette sera identique à l'enveloppe d'expédition.

Exemple : Dr. Jean-Louis Parking
Directeur de ressources humaines
Zeta Beta Assurances
12, Rue du Simplon
Montréal (Québec), H1G 3J9

Ensuite, vous devez écrire le corps de la lettre. Si vous pensez avoir créé des liens lors de l'entretien d'embauche, vous pouvez écrire la lettre directement à la personne en question.

Exemple : Cher Dr. Parking,

Dans le premier paragraphe, remerciez le recruteur d'avoir accordé son temps pour la rencontre[3].

Exemple : Je vous remercie sincèrement du temps que vous m'avez accordé lors de notre rencontre...

Le deuxième paragraphe sert à réitérer votre intérêt pour le poste en soulignant les points les plus importants ou les responsabilités dont vous avez parlé. Soulignez vos points forts qui correspondent à ces responsabilités et indiquez encore votre intérêt pour le poste offert.

Exemple : Le poste de [titre du poste] que vous offrez m'intéresse encore plus depuis notre rencontre. Le fait de [tâches ou fonctions du poste] me motive beaucoup. Ces responsabilités sont parfaitement alignées avec mes objectifs de carrière ...

Si vous voulez écrire un troisième paragraphe, vous pouvez offrir l'occasion de communiquer d'autres informations nécessaires au recruteur.

---

2   Source: Information from « Après l'entrevue: la lettre de remerciements, » Paolo Maillette, *CV Expert*, pp. 255-257.

3   Rappel: En Amérique du Nord, on remercie la personne pour le temps accordé, mais en France, on remercie plutôt pour l'aimable considération, l'attention apportée, ou l'intérêt que la personne vous a porté.

Exemple : N'hésitez pas à communiquer avec moi pour toute autre information supplémentaire. Il me fera plaisir de répondre à vos questions.

Il faut ensuite conclure la lettre avec une formule usuelle, mais vous voulez peut-être écrire quelque chose de plus personnalisée selon ce qui est arrivé pendant votre entretien d'embauche.

Voici une liste de formules que vous pouvez adapter à votre style :

formules classiques
• Je vous prie d'agréer, [Monsieur, Madame], l'expression de mes sentiments distingués.   • Veuillez agréer, [Monsieur, Madame], mes salutations distinguées.   • Je vous prie de croire, [Monsieur, Madame], à l'expression de mes sentiments les plus dévoués.
formules simplifiées
• Cordialement   • Amitiés   • Sincèrement   • Amicalement   • Sincères salutations

Vous avez également la possibilité de construire votre formule de conclusion en suivant les modèles ci-dessous.

Formule de sollicitation +	Salutation de départ +	Salutation de fin
Espérant une réponse affirmative …	je vous prie d'agréer de croire à d'accepter	l'expression de mes sentiments distingués.
Dans l'attente d'une réponse favorable …	veuillez agréer	l'expression de ma haute considération.
Espérant que vous donnerez une suite favorable à ma demande…	croyez à	l'assurance de mes sentiments dévoués.
Dans l'attente de vos nouvelles…	je vous prie de recevoir	l'expression de mes salutations distinguées,

Questions

1. Pourquoi doit-on écrire une lettre de remerciement ? Quels sont les avantages ? Qu'est-ce que l'employeur peut faire avec votre lettre ?

2. Doit-on envoyer une lettre générale ? Pourquoi ou pourquoi pas ?

3. Qu'est-ce qu'on peut faire pour personnaliser la lettre ?

4. Est-ce acceptable d'envoyer la lettre par courrier électronique ?

5. Comment et où doit-on indiquer le lieu et la date ?

6. Qu'est-ce que « la vedette » et à quoi doit-elle ressembler ?

7. Puisque vous connaissez maintenant la personne à qui vous écrivez, qu'est-ce que vous pouvez oser faire dans la formule d'appel dans cette lettre ?

8. Que faut-il faire dans le premier paragraphe de cette lettre ? Donnez un exemple de bonne phrase.

9. Quel est l'objectif du deuxième paragraphe ?

10. Donnez quelques exemples de ce que vous pouvez mentionner pour montrer votre intérêt pour le poste.

11. Si vous désirez écrire un troisième paragraphe, quelles sortes de choses pouvez-vous dire ?

12. Comment doit-on conclure la lettre ? Choisissez des formules qui vous plaisent et expliquez pourquoi vous les préférez.

13. Comment doit-on signer la lettre ? Quelles informations sont incluses ?

14. Faites une critique de la lettre exemplaire.

Phrases tonifiantes[4]

....

Voici quelques phrases exemplaires, suggérées par MC2 Expérience Stratégique au Québec, pour rendre votre lettre plus personnalisée et intéressante pour le recruteur. N'oubliez pas d'adapter les phrases selon le poste et le pays dans lequel vous avez postulé.

- J'espère que vous retiendrez ma candidature et que j'aurai le plaisir de vous revoir bientôt.

- J'espère avoir l'occasion de vous revoir et que notre rencontre sera le prélude d'une longue et fructueuse relation d'affaires.

- Ce fut un plaisir de vous rencontrer la semaine dernière. Je vous remercie du temps que vous m'avez accordé et des conseils précieux que vous m'avez donnés.

- Merci de m'avoir reçue cette après-midi. Quoique je n'aie pas d'expérience relative à l'emploi proposé, mes qualités de communicatrice, mes réalisations passées, mon dynamisme et ma ténacité compensent largement cette lacune[5].

---

4   Source: « Phrases tonifiantes, » MC2 Expérience Stratégique, p. 54, licensed.

5   Attention à ne pas trop appuyer sur ce type de phrase qui fait un marketing au négatif.

- Je vous remercie de l'entrevue que vous m'avez accordée mercredi matin et je profite de l'occasion pour réitérer mon désir d'obtenir le poste de _____ dans votre entreprise.
- Je vous remercie de l'entrevue que vous m'avez accordée mercredi matin. J'ai été impressionnée par votre entreprise et j'ai hâte de me joindre à votre équipe.
- Après avoir réfléchi sur vos commentaires au sujet des exigences du poste, je suis plus que jamais convaincu que je peux contribuer à l'expansion et à la profitabilité de _____
- L'entrevue a confirmé que je veux cet emploi. J'aimerais travailler dans le service de _____ sous votre autorité. Merci de m'avoir accordé du temps et de vous intéresser à ma candidature.
- Je vous remercie de m'avoir reçu le _____. Je garde une excellente impression de votre entreprise.
- Je vous remercie de l'entrevue que vous m'avez accordée vendredi matin et je réitère mon désir d'obtenir le poste de _____.
- À la suite de notre conversation, je suis confiant de pouvoir répondre à vos attentes et même de les dépasser.

Accusé de réception d'un refus à un poste

Même si on vous envoie une lettre de refus, vous pouvez répondre en montrant votre intérêt pour l'entreprise et pour des postes futurs. Un refus n'est pas signe d'une rejection personnelle. Il est souvent le cas que l'entreprise a tout simplement trouvé un candidat qui remplit mieux les besoins du poste. Voici deux exemples d'accusé de réception d'un refus à un poste :

- Je tiens simplement à vous remercier d'avoir étudié mon dossier et d'avoir pris le temps de me recevoir. Ce fut pour moi un plaisir de m'entretenir avec vous et les autres membres du comité de sélection et de pouvoir mieux connaître votre entreprise.
- Malgré le fait que vous n'ayez pas retenu ma candidature, je demeure très intéressé par vos activités et par la façon dont elles sont menées. J'espère que vous consulterez à nouveau mon curriculum vitae lorsque vous aurez de nouveaux postes à combler.

Activité 1

Après avoir lu les phrases tonifiantes, faites une critique. Y a-t-il des phrases que vous n'utiliseriez pas ? Pourquoi ? Ensuite, choisissez les meilleures possibilités et écrivez au moins deux phrases que vous pouvez employer dans votre lettre de remerciement. Faites attention aux accords obligatoires (Ex. « mes sentiments dévoué**s** », mais « mes salutations distingué**es** »).

Activité 2

Votre collègue Jane a écrit une lettre de remerciement. Lisez-la et répondez aux critères dans « Que mettre dans la lettre » pour voir si la lettre est réussie. Ensuite, discutez la lettre avec un partenaire. Y a-t-il des fautes ? Si oui, lesquelles ? Donnez des conseils à Jane pour améliorer sa lettre de remerciement.

Paris, le 17 novembre 2010

Monsieur Luc Tessier
Gérant
Designs Résidentiels
18, Rue de Montorgueil
Paris, IDF

Monsieur,

Je vous remercie du temps que vous m'avez accordé lors de notre rencontre du 3 novembre dernier. Je reste très intéressée par le poste de secrétaire à Designs Résidentiels et je suis d'autant plus motivée de travailler pour vous après notre rencontre.

Le travail à Designs Résidentiels m'aidera à avoir un nouveau sens de design pour plusieurs raisons. Mes études pour la plupart sont concentrées dans le design intérieur pour les clients américains. La chance d'habiter en France et de travailler pour votre entreprise me permettra d'apprendre les différences entre le design intérieur américain et le design français. Comme j'ai déjà deux ans d'expérience comme réceptionniste et secrétaire aux États-Unis et un bon niveau de français parlé et écrit, je pense que je m'adapterai facilement aux conditions de travail dans votre filiale. Les responsabilités du poste correspondent parfaitement à mon aptitude de service et mes capacités linguistiques. Ce serait un honneur sincère pour moi de travailler pour Designs Résidentiels, car vous êtes une des meilleures sociétés de design en France. D'ailleurs, le poste de secrétaire oblige un service exceptionnel pour vos clients et professionnels importants et je pense qu'en tant de premier contact je pourrai représenter votre entreprise d'une lumière positive.

Si d'autres informations vous étaient nécessaires, n'hésitez pas de communiquer avec moi, il me fera plaisir de répondre à vos questions.

En espérant que vous donnerez une suite favorable à ma candidature, merci encore pour votre temps.

Jane A. Johnson
Jane A. Johnson
(317) 860-0205
jane@johnson.com

Dossier 4 : La Lettre de remerciement

Écrivez une lettre de remerciement qui correspond à votre recherche de travail personnelle et l'entretien d'embauche que vous avez passé lors du Chapitre 6 « L'Entretien d'embauche ». Suivez les modèles dans ce chapitre pour écrire une lettre efficace et personnalisée. La lettre fera partie de votre dossier de candidature.

Analyser des lettres (banque, entreprise, etc.)

Le format d'une lettre commerciale ou administrative

Le format de la lettre de motivation et de la lettre de remerciement sont des formes usuelles pour la correspondance en France et au Québec. Voici un autre modèle pour la correspondance générale.

L'EN-TETE
VOTRE NOM
VOTRE ADRESSE

LE NOM ET L'ADRESSE DE
VOTRE CORRESPONDANT

(ville), le … (date)

Numéros de références :
Objet :

LA FORMULE D'OUVERTURE

LE CORPS DE LA LETTRE _____
_____
_____
_____

_____
_____
_____

LA FORMULE DE POLITESSE

LA SIGNATURE

P.J. (si vous envoyez quelque chose avec la lettre – pièces jointes).

Au début de la lettre il faut utiliser une formule d'ouverture telle que Monsieur, Madame, Madame la Directrice, Cher Monsieur, etc. À la fin de la lettre, vous écrirez une formule de politesse. Par exemple, si vous ne connaissez pas la personne, « Je vous prie d'agréer, Monsieur, Madame, l'expression de mes sentiments distingués. » Si vous connaissez la personne, vous pouvez être un peu moins formel : « Recevez, chère Madame, l'expression de mes meilleures salutations ». Et si vous connaissez bien la personne, vous pouvez écrire plus simplement « Très cordialement », etc.. [6]

Exemple d'une lettre d'une banque

Banque Populaire de France

Melle DAMIER Juliette

27 Rue de la Marne

35050 Rennes

Rennes, le 8 septembre 2012

Nos réf. : SS

Mademoiselle,

Votre compte chèque n'ayant subi aucun mouvement depuis le 20 juillet 2011, nous vous envoyons ce courrier afin de savoir si nous devons procéder à une clôture.

Nous vous remercions de bien vouloir nous tenir informés quant à votre compte chèque.

Dans l'attente d'une réponse de votre part,

Veuillez agréer, Mademoiselle, l'expression de nos salutations distinguées.

Sonia SAFARDIS

Assistante Commerciale

Agence de Rennes Centre

7, Place de la Trinité

BP 2018

35040 RENNES CEDEX

Téléphone : 02 99 79 79 79

---

6   Source : *Guide Pratique de la communication* pp. 115-116.

Activité

Dans cette lettre et dans les modèles suivants, identifiez:

- le nom de l'expéditeur
- le destinataire
- le titre professionnel de l'expéditeur
- l'objet de la lettre
- la date de la lettre
- la signature

- l'en-tête
- l'adresse de l'expéditeur
- l'adresse du destinataire
- le lieu où la lettre a été écrite
- la formule de conclusion
- le numéro de référence

Exemple d'une demande de recommandation

Anabelle Ballouze
25 Rowan Close
Leicester
LE1 7Q7United Kingdom

Leicester, le 26 mai 2011

Chère Dr. Dulac,

J'ai été votre étudiante en Master de littérature française pendant l'année scolaire 2009-2010 à l'Université Paris 8.

Je constitue actuellement un dossier pour postuler à un emploi à l'Université de Manchester et je dois fournir deux lettres de recommandation. Accepteriez-vous d'en écrire une ? Si votre réponse est affirmative, je vous serais très reconnaissante de faire parvenir cette lettre directement à l'université.

Recevez, Chère Madame, l'expression de mes sentiments respectueux.

A. Ballouze

PJ :   description du poste
        enveloppe timbrée
        CV

Exemple d'acceptation d'une offre d'emploi

Anabelle Ballouze
25 Rowan Close
Leicester
LE1 7Q7
United Kingdom

M. Paul JANVIER
Maison d'Edition Livres.com
14260 Aunay-sur-Odon
France

Leicester, le 20 août 2011

Monsieur Janvier,

C'est avec le plus grand plaisir que j'ai reçu votre courrier m'informant que j'avais été choisie pour le poste de rédactrice auquel j'étais candidate. Je vous confirme par la présente que je serai en mesure de prendre ce poste à partir du 1er septembre. Je me présenterai à votre bureau dès 8h le matin.

Je vous prie de croire, Monsieur, à mes sentiments dévoués,

A. Ballouze

A. Ballouze

Activité

En suivant les exemples ci-dessus, écrivez une lettre à votre professeur de français pour demander une recommandation pour un poste précis. Vous pouvez ajouter cette lettre à votre dossier de candidature.

La Communication électronique (courriel, Internet)

On pratique de plus en plus la communication électronique, pas seulement pour la recherche d'emploi, mais aussi dans la communication professionnelle quotidienne.

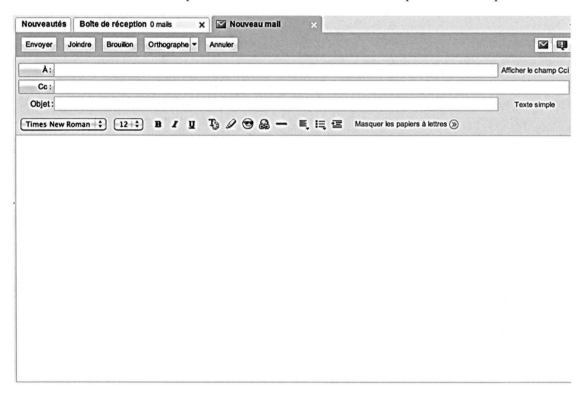

Activité 1

Pour bien formuler un message électronique, il faut comprendre le vocabulaire de votre boîte de réception. Regardez l'image et identifiez l'équivalent en français des mots suivants :

- Inbox
- To
- From
- Spell check
- Subject
- Cancel
- Send
- Attach

Quelle est la police de caractère choisie pour ce message ?

Activité 2

Voici la boîte de réception de Madame Della Nikoletta (nikushka_d@yahoo.fr).
Regardez l'image et trouvez l'équivalent en anglais des mots de vocabulaire de cette
liste :

- brouillon
- corbeille
- déplacer
- recherche
- supprimer
- afficher
- 2 fichiers
- télécharger
- faire suivre

- spam
- nouveautés
- annuler
- actualiser
- actions
- Lun 19/7
- dossiers
- ajouter dans les contacts
- répondre

Ensuite, analysez la lettre avec un partenaire. Y a-t-il des fautes à corriger ? Donnez
des suggestions pour améliorer le style et le contenu.

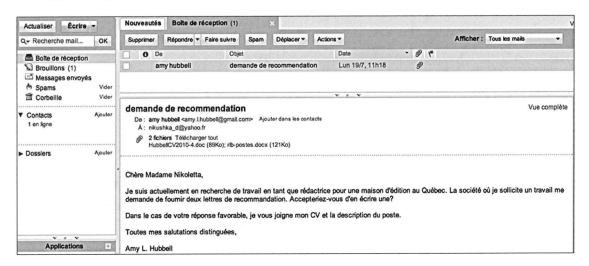

Visionnement : Vidéos du Succès « Bien écrire une lettre »

Vous savez déjà écrire une lettre de motivation et d'autres lettres professionnelles. Maintenant, vérifiez ce que vous avez appris en regardant la vidéo « Bien écrire une lettre » sur www.pullins.com/Hubbell/BusinessFrench. Complétez les activités suivantes[7].

1. Écrire une lettre est très facile.   V/F

2. Pour l'introduction, il faut mettre dans quelques mots _____ de la lettre.

3. Les conseils d'Henri sont valables pour quels types de lettres ?

4. On met l'objet avant ou après la « Chère Madame » ?

5. Henri dit qu'il ne faut jamais commencer une lettre par « je ». Il faut commencer par _____. Expliquez pourquoi.

6. Pourquoi est-ce que la première phrase de la lettre est fondamentale ?

7. Il faut faire des phrases courtes de combien de mots ?

8. Combien de lignes peut-on mettre dans chaque paragraphe ?

9. Est-ce que Henri et PPC sont d'accord sur la longueur des paragraphes ?

10. Quelles formules de politesse est-ce qu'on peut utiliser ?

11. Henri dit qu'on doit signer en bas à droite. V/F

12. Qu'est-ce qu'on doit faire après avoir écrit la lettre ?

13. Relisez la lettre à_____ . Pourquoi ?

14. Qu'est-ce qu'un « post scriptum » en anglais et qu'est-ce qu'on doit y mettre, selon Henri ?

Après avoir regardé

1. Lisez le texte complémentaire sur le blog de PPC et corrigez vos réponses. « Comment bien écrire une lettre. » http://pierre-philippe.blogspot.com/2010/06/comment-bien-ecrire-une-lettre.html

2. Maintenant, analysez la lettre de remerciement ou la demande de recommandation que vous avez écrite à votre professeur de français. Y a-t-il des choses à changer ? Échangez votre lettre avec un partenaire et évaluez l'efficacité du style, du contenu et du format. Remplissez la grille suivante. Après avoir corrigé votre lettre, ajoutez la nouvelle version à votre dossier de candidature.

---

7   Also available at http://www.youtube.com/user/VideoPeps#p/u/1/GqEzzEs3bps. Used with permission from HK and PPC.

évaluation d'une lettre professionnelle		
	ce qui est bien fait	ce qui reste à améliorer
organisation		
style		
format		
contenu		
grammaire et vocabulaire		

L'Appel de suivi

L'appel de suivi fonctionne beaucoup comme une lettre de remerciement, mais il peut avoir lieu après avoir envoyé la lettre de candidature et le CV ou bien après un

entretien d'embauche. Le but de l'appel de suivi dans le premier cas, c'est de savoir si la bonne personne a reçu votre candidature et de savoir si des informations complémentaires seront nécessaires. C'est également l'occasion de poser quelques questions au sujet du poste à pourvoir. L'appel de suivi fait après un entretien d'embauche vous donne l'occasion de remercier le recruteur du temps accordé ou de l'attention prêtée lors de votre rencontre et aussi d'offrir des informations supplémentaires si cela est nécessaire. Attention : l'appel de suivi n'est pas toujours bienvenu après un entretien d'embauche. Parfois le recruteur préfère contacter les candidats et votre appel pourrait être vu comme trop agressif.

Selon l'article de Peter Vogt, « Comment faire un bon suivi », en ce qui concerne le marché d'emploi au Canada, les recruteurs ne sont pas toujours d'accord sur l'appel de suivi. Julia McKinley, responsable de recrutement national pour Grant Thornton LLP avec des bureaux à Montréal et à Toronto dit, « Nous avons récemment embauché un étudiant qui a rédigé un bon courriel détaillant son expérience et pourquoi il voulait obtenir son expérience de travail requise pour son diplôme en travaillant pour notre cabinet. Lorsqu'il a appelé pour faire un suivi, j'étais impressionnée. Il avait fait sa recherche sur le cabinet et avait des raisons concrètes pour lesquelles il voulait acquérir de l'expérience avec nous. Alors malgré le fait que nous n'avions ni budget, ni poste pour lui, nous l'avons embauché ».

Mais tous les recruteurs ne partagent pas cet avis. Bonita Martin, directrice de terrain en emploi et rétention pour le Western & Southern Financial Group, explique que « maintenant qu'Internet donne aux recruteurs l'accès à des centaines de personnes qui envoient leurs C.V. pour des postes, et que chaque personne possède ou ne possède pas les critères requis pour le poste en question, je préfère que les candidats ne fassent pas de suivi sur l'envoi de leur C.V. initial ou leur réponse à une annonce ». Il faut, donc, connaître l'entreprise et sa culture suffisamment bien avant de faire cet appel. Est-ce que les recruteurs sont déjà débordés avec les réponses aux offres ? Ou, est-ce que votre appel vous donnera l'occasion d'impressionner ? Il ne faut surtout pas téléphoner tout simplement pour dire que vous n'avez pas reçu de nouvelles.

Si vous décidez de faire un appel de suivi, soyez précis. Expliquez directement que vous avez envoyé votre C.V., et par quelle méthode, et que vous voudriez vous assurer qu'il a bien été reçu. À ce moment, vous pouvez également demander si le recruteur aura besoin des informations complémentaires et si les postulants seront contactés pour une entrevue. Vous devez vous limiter à un seul appel : personne n'aime être harcelé. De même, ne téléphonez pas le lendemain de votre envoi de candidature, et ne téléphonez surtout pas si l'employeur a indiqué « pas d'appels » dans l'annonce.

Pour la plupart des recruteurs, même pour ceux qui n'aiment pas l'appel de suivi, un message électronique ne dérange pas. Bonita Martin explique, « C'est juste une question de commodité et de gestion du temps. Je suis capable d'imprimer une note de remerciement ou un suivi par courriel et de l'inclure dans mon dossier de C.V./ candidat, puis rapidement répondre à un candidat que le processus d'embauche et de sélection peut prendre jusqu'à 2 mois ».

Vogt explique qu'il faut surtout être bref pour laisser une impression positive. Il suggère le modèle suivant pour l'appel :

« C'est _____ à l'appareil. Il y a quelques jours, j'ai fait une demande pour le poste de _____ du département ou de la division _____ __ de votre entreprise. Je vous appelle pour m'assurer que vous aviez bien reçu mon C.V. et pour réaffirmer mon intérêt pour ce poste ».

Attention : L'appel de suivi est beaucoup moins courant en France qu'en Amérique du Nord. Consultez Chapitre 3, « L'Appel de prospection » pour le vocabulaire et des conseils précis pour placer les appels professionnels.

Questions

1. À votre avis, faut-il faire un appel de suivi ? Pourquoi ou pourquoi pas ?
2. Y a-t-il des cas précis où il faut faire cet appel ? Et au contraire, y a-t-il des cas où il ne faut pas appeler ?
3. Imaginez que vous n'avez pas reçu de confirmation que votre CV a été reçu par le recruteur. Qu'est-ce que vous feriez ?

Activité

Prenez la situation dans la question 3, et imaginez que vous faites un appel de suivi. Que diriez-vous au recruteur au téléphone ? Écrivez un dialogue avec un partenaire.

Activité orale : Faire un appel de suivi

Identifiez un poste qui vous intéresse au Canada et faites un appel de suivi simulé. Avec un partenaire, cernez l'objectif principal de l'appel et communiquez-le à la classe. Voici des objectifs potentiels:

- s'assurer que le dossier de candidature a été reçu
- remercier le recruteur pour l'entrevue de sélection
- donner des informations complémentaires
- poser une question précise
- s'informer sur les prochaines étapes de la sélection

Une personne va jouer le rôle du candidat et l'autre sera le recruteur. Pendant l'appel, assurez-vous de parler à la bonne personne avant de faire le suivi. Vous pouvez utiliser des notes, votre CV, une liste de questions, etc. mais vous n'avez pas le droit de lire un script ou un dialogue écrit. Faites un appel aussi réaliste que possible. Critères d'évaluation: réalisation de la tâche, compréhensibilité, vocabulaire et structures, et culture.

Les Commandes et les transactions bancaires

Votre vie professionnelle nécessitera l'analyse de plusieurs documents et formulaires pour les transactions quotidiennes. Pour vous aider, votre amie française, Juliette, vous montre le dernier bon de commande qu'elle a reçu lors d'un achat par Internet. Elle partage aussi un document reçu de sa banque. Lisez les exemples et répondez aux questions.

Un bon de commande

Voici le détail de votre commande :

Numéro de commande : 918XXP21		
facturé et livré à	date	# de facture
Mlle DAMIER Juliette 27 Rue de la Marne 35050 Rennes FRANCE	23 août 2011	X1691XP99

qté	code	article	prix	total
1	9840562	dictionnaire anglais-français	23,20 €	23,20 €
			frais de livraison TVA	gratuit 4,87 €
mode de paiement : carte bleue mode de livraison : standard			**Total :**	**28,07 €**

Activités

Analysez le bon de commande et répondez aux questions suivantes.

1. Qu'est-ce que Juliette a acheté ?
2. Combien ?
3. Combien coûte le produit ?
4. Quels sont les frais de livraison ?
5. Que veut dire TVA ?
6. Comment Juliette a-t-elle payé ?
7. Où est-ce que le produit sera livré ?

Dans votre nouveau poste, votre chef vous demande de traduire un bon de commande en anglais pour un client. Traduisez donc le formulaire ci-dessus en anglais pour un client anglophone. Remplissez le formulaire suivant en anglais pour conserver le format exigé.

Un relevé bancaire

Lisez la lettre que Juliette a reçue de sa banque et répondez aux questions.

Banque Populaire de France

Agence de Rennes Centre
7, Place de la Trinité
BP 2018
35040 RENNES CEDEX
Téléphone : 02 99 79 79 79

RELEVE PERIODIQUE

P.P.   35040 RENNES

Melle DAMIER Juliette
27 Rue de la Marne
35050 Rennes

RECEVEZ PAR SMS L'ADRESSE DES 3 BANCOMAT BPF
LES PLUS PROCHES DE VOTRE EMPLACEMENT, POUR Y
EFFECTUER DES RETRAITS GRATUITS
INFORMATION SUR WWW.BPF.COM.FR

Juliette DAMIER
Rennes
IBAN FR00 0000 0000 S000 0000 00
RUBRIQUE : PRIVE

PERIODE DU 1ᴱᴿ AU 31 DECEMBRE 2011   **MONNAIE : EURO**

VOTRE COMPTE EN UN COUP D'ŒIL	DEBIT	CREDIT	SOLDE DE COMPTE
SOLDE INITIAL			35 000,00
TOTAL CREDITS		21 920,50	
TOTAL DEBITS	15 240,00		
SOLDE FINAL			41 680,50

DATE	OPERATIONS	DEBIT	CREDIT	SOLDE
03.12	SOLDE REPORTE			35 000,00
19.12	ORDRE TOP	15 000,00		20 000,00
	NOTRE REF: 000.000.0000			
	SOCIETE ABC			
22.12	VIREMENT COMPTE		21 920,50	41 920,50
28.12	BM BPF RENNES	240,00		41 680,50
	CARTE BLEUE NO. 0000000			
31.12	SOLDE EN VOTRE FAVEUR			41 680,50

AVEC NOS MEILLEURS SALUTATIONS   RENNES, LE 3 JANVIER 2012
BANQUE POPULAIRE DE FRANCE
AVIS SANS SIGNATURE

Questions

1. Quel est l'objet de la lettre de la BPF ?
2. Identifiez l'adresse de l'expéditeur et l'adresse du destinataire.
3. Que veut dire « relevé » ?
4. Quelles dates sont inclues dans ce relevé ?
5. Quelle est la date de la lettre ?
6. Combien Juliette a-t-elle dépensé pendant cette période ?
7. Que veut dire « virement »?
8. Quel est le solde final du compte ?

Activités

Quelles différences voyez-vous entre le relevé ci-dessus et ceux de votre pays ? Regardez votre dernier relevé bancaire ou trouvez un exemple par Internet pour faire une comparaison.

Juliette veut étudier aux États-Unis et elle doit démontrer qu'elle a suffisamment de fonds dans son compte bancaire. Traduisez le relevé ci-dessus en anglais.

Chapitre 8

Étude de Rose La Biche™ et le Marketing

Félicitations ! Vous avez décroché un poste à Rose La Biche™, une petite entreprise française spécialisée dans la mode féminine. Avant de commencer votre nouveau poste, vous devez bien étudier l'entreprise pour comprendre ses besoins. Une fois intégré au sein de Rose La Biche™, vous allez préparer une campagne de marketing pour sa créatrice, Lucy Baluteig-Gomes[1] .

Pour ce faire, vous devez comprendre les éléments suivants :

- le choix de la marque
- le positionnement
- les moyens humains et techniques
- la structure de l'entreprise
- l'enregistrement de l'entreprise aux États-Unis et en France
- l'étude du marché
- les différences entre la publicité en France et aux États-Unis

Avant de lire

1. Qu'est-ce qui est important quand on choisit un nom pour une marque?

2. Connaissez-vous des noms de marque qui n'ont pas réussi ? Lesquels ? Savez-vous pourquoi cette marque n'existe plus ?

3. Regardez l'image du logo « rose la biche » ci-dessus. Choisissez des adjectifs pour décrire l'entreprise selon cette image.

4. Regardez l'image du mannequin à la page suivante. Choisissez des adjectifs pour décrire le tee-shirt. Selon ce que vous voyez, quelle est l'image de l'entreprise qui vend ce tee-shirt ?

---

1   The first six sections of this chapter are written by Lucy Baluteig-Gomes and used with her permission. Content has been adapted and simplified to match the specific format of this case study.

Vocabulaire pour le marketing et la publicité

marketing et publicité	marketing and advertising
l'activité, *f.*	occupation
l'activité professionnelle, *f.*	business, job
artisanal	hand-crafted
l'artisanat, *m.*	craft industry, handcraft
un atelier	workshop
bas de gamme	low-end, cheap
un budget	budget
une campagne de marketing	marketing campaign
une campagne publicitaire	ad campaign
une centrale d'achats	central purchasing
ciblé	targeted
chic	stylish
la clientèle cible	target clientele
le commerce en ligne	e-commerce
le concept	concept
la concurrence	competition
le conditionnement	conditioning, packaging
un consommateur	consumer
une cotisation	contribution, subscription, dues
le démarchage	door to door sales
un détaillant	retailer, retail outlet
la distribution	placement
un distributeur	distributer
un échantillon	sample
l'E-commerce, *m.*	e-commerce
l'emballage, *m.*	packaging
l'emplacement, *m.*	position, location
en amont	upstream
en aval	downstream
en promotion	on sale, discounted
en solde	on sale
une enquête de marché	product study, survey
l'enregistrement, *m.*	registering
enregistrer	to register
l'équipement, *m.*	equipment
une étude de marché	market study
l'exportation, *f.*	export
une gamme	range, scale, line
une gamme de produits	product range, product line
la gestion	management

un grand magasin	department store
griffé	labeled
une griffe (de vêtement)	(clothing) label
un grossiste	wholesaler
l'identité de marque, *f.*	branding
l'image de marque, *f.*	corporate image
l'importation, *f.*	import
un investissement	investment
un logo	logo
un magasin à libre service	self-service store
le marketing direct	direct marketing
la marque	brand
un moyen publicitaire	advertising medium
une niche de marché	niche market
le packaging	packaging
le parrainage	sponsorship
le positionnement	positioning
le prêt-à-porter	ready to wear
le prix	price
un producteur	producer
un produit	product
un produit de première nécessité	staple
un produit bas de gamme	low end, poor quality or cheap product
un produit haut de gamme	high end, high quality or expensive product
la promotion	promoting, promotion
la prospection	prospecting, canvassing
la publicité (la pub)[2]	advertising, advertisement
par mass media	by mass media
directe	direct
sur lieu de vente	at the point of sale
un questionnaire	questionnaire
la réclame	publicity, advertisement
les relations publiques, *f.pl*	public relations
la rentabilité	profitability
la redevance	charge, royalty
le réseau de distribution	distribution network
rigolo (familier)	funny
le secteur d'activité	line of business
un salon	(trade)show, exhibition
soldé	discounted
solder	to sell off (merchandise), to settle the balance of (an account)

---

2   une publicité = « advertisement » mais un avertissement = « warning »

les soldes	sales (on sale)
la sous-traitance	subcontracting
le sponsoring	sponsorship
un spot publicitaire	commercial
urbain	urban

Vocabulaire pour le film *Espace détente*

une grève	a strike
un/e gréviste	a picketer
amincissement	thinning down (weight loss)
la délocalisation	outsourcing
le fitness (anglicisme)	fitness
la vente on-line	on-line sales, e-commerce

Présentation de la marque Rose La Biche™ [3]

par Lucy Baluteig-Gomes

L'activité de Rose La Biche Designs a débuté aux USA en 2006. Son concept est basé sur la customisation[4] de tee-shirts pour femmes. Il s'agit d'une activité artisanale liée à la pratique de la couture, de la broderie et du dessin. Relativement peu exigeante en terme d'investissement, elle s'emploie à transformer des produits finis (tee-shirts basiques) pour leur offrir une valeur-ajoutée artistique unique. C'est un métier qui fait appel à une forte créativité et une réelle cohérence artistique, facteurs-clefs de succès auprès d'une clientèle féminine avertie avide d'originalité.

Concept

Mon idée initiale était de proposer des tee-shirts féminins 'casual chic' originaux avec un style artisanal/fait main (non industriel) pour une cible de femmes 25-55 ans essentiellement urbaine recherchant des vêtements ayant une vraie personnalité.

'where nature meets urbanism' est le crédo de la marque : l'histoire de la marque est d'ailleurs imprégnée de cet idée 'de rencontre entre l'urbain et la nature. Le Domaine Rose La Biche est un château du Médoc, belle maison classique dans une

---

3   Photo Credit: Rose La Biche™

4   customiser = personnaliser. La customisation de produit (textile, automobile, artistique) est une tendance lourde repérée depuis environ quatre ans. Le consommateur, lassé des produits de masse, cherche à se singulariser, à sortir du lot, à affirmer son identité. La 'custommisation artisanale' s'entend donc ici comme la personnalisation de vêtements faits à la main, pièce par pièce sans passer par une production industrielle. [Source : articles 'Le sur mesure de masse : customiser ses vêtements,' Valérie Musset. Altema, journal des tendances de consommation (Internet) - 2002]

propriété entourée de vignes. La maison a été construite à la fin du XVIIIème siècle et ce que dégage cet endroit est le résultat d'une rencontre réussie entre une architecture élégante et la beauté d'une nature sauvage faite de vieilles vignes centenaires. La marque de vêtements Rose La Biche™ reprend ces mêmes valeurs d'élégance et de simplicité dans la rencontre entre l'urbain (des couleurs sobres avec une palette de gris, noirs, blancs) et la nature (des designs inspirées de fleurs ou de feuilles) déclinés aussi bien au niveau du design des vêtements que dans la communication ou le marketing de l'entreprise.

Questions

1. Quand est-ce que Rose La Biche™ a été fondée ?
2. Quelle est l'activité principale de Rose La Biche™ ?
3. À votre avis, quel est le secteur d'activité ?
4. Expliquez que veut dire « activité artisanale ».
5. Quels sont les « facteurs-clefs » de la réussite de Rose La Biche™ ?
6. Décrivez la clientèle cible[5] de Rose La Biche™ ?
7. Quelle est la devise (ou le crédo) de la marque ?
8. D'où vient le nom « Rose La Biche » ?
9. Quelles valeurs est-ce que la marque partage avec son histoire ?

Activité

Selon la description de Rose La Biche™, quelle est l'image projetée de l'entreprise ? Choisissez cinq adjectifs pour la décrire. Ensuite, essayez de décrire les clients de l'entreprise sur un plan psychologique et physique.

Que pensez-vous du nom « Rose La Biche » ? Est-ce que le nom et la devise de la marque représentent ses valeurs pour les clients anglophones ? Expliquez.

Visionnement 1 : Entretien avec Deedee

Delphine Desneiges, connue comme « Deedee », est une bloggeuse Parisienne considérée comme 'influente' par la blogosphère et la Presse Française. Elle est en outre responsable éditoriale du site internet de Cosmopolitain France. En septembre 2007, elle a interviewé Lucy pour son blog, www.deedeeparis.com. A cette époque, Rose La Biche™ était basée à San Francisco, aux États-Unis. Regardez l'entretien entre Deedee et Lucy sur www.pullins.com/Hubbell/BusinessFrench et répondez aux questions[6].

---

5   En marketing, la clientèle cible correspond aux consommateurs auxquels un produit est destiné.

6   Videoalsoavailableathttp://www.deedeeparis.com/blog/index.php?2007/09/24/465-rose-la-biche-chez-deedee-cette-semaine and http://www.dailymotion.com/video/k7uHA7ty9BQacIlwpg#from=embed. Used with permission from Delphine Desneiges.

1. Expliquez la genèse de la marque Rose La Biche™. D'où vient ce nom ?

2. De quel siècle date la maison des parents de Lucy ?

3. Donnez deux mots qu'on utilise pour décrire le nom « Rose La Biche ».

4. Pourquoi est-ce que Lucy a choisi ce nom pour sa marque ?

5. Lucy se décrit comme _____.

6. La marque Rose La Biche™ vend spécifiquement les _____.

7. Lucy prend quelque chose de _____ pour créer quelque chose de _____.

8. Quels matériels sont utilisés dans le tee-shirt que Lucy porte pendant l'entretien ?

9. Pourquoi est-ce Lucy aime utiliser les œillets métalliques[7] ? Quelle est l'image évoquée par ces éléments ?

10. Lucy vient d'une famille de _____.

11. Rose La Biche™ est une marque qui vend uniquement par _____.

12. Pourquoi a-t-elle choisi de se baser aux États-Unis ?

13. Qu'est-ce que Lucy pense de San Francisco ?

14. Au moment de l'entretien, la marque Rose La Biche™ existe depuis combien de temps ?

15. Au début, l'entreprise a commencé à _____ et Lucy vendait en _____.

16. Pourquoi est-ce que le marché à San Francisco était intéressant pour Lucy ?

17. Le marché à San Francisco est soutenu par les _____ et les festivals de mode.

18. Où est-ce que Lucy a des clientes maintenant ?

19. Lucy dit que Rose La Biche™ est pour les femmes_____. Ça veut dire, les femmes qui vivent _____ mais qui sont inspirées par _____.

20. Tous les dessins qu'elle fait sont inspirés par _____.

21. Qu'est-ce qu'on demande à Lucy de créer ?

Après avoir regardé

1. En réfléchissant à la présentation de la marque Rose La Biche™ dans cet entretien, rédigez une description de la marque en utilisant votre propre vocabulaire. Quels mots viennent à l'esprit en pensant à « Rose La Biche » ? Si vous deviez décrire l'entreprise à une amie, que diriez-vous ?

---

7   metal eyelet, grommet

2. Est-ce que votre image de l'entreprise est différente de ce que vous aviez imaginé en regardant seulement le logo et les photos au début du chapitre ? Expliquez.

3. Que pensez-vous de l'idée d'élargir la gamme de produits[8] vendus par Rose La Biche™ ? Quels pourront être les avantages et les difficultés confrontées ? Dressez une liste et échangez vos idées avec un partenaire.

Positionnement

Le positionnement est le choix d'attributs qui rendent un produit crédible, différent et attractif à l'esprit des consommateurs face aux concurrents. On se distingue par rapport à son prix, son image, et ses caractéristiques.

Qu'est-ce que vous savez déjà du positionnement des tee-shirts de Rose La Biche™ ?

Portez-vous des tee-shirts ? Si oui, quelles qualités sont importantes à votre choix de tee-shirt ? Pensez au prix, au style, au tissu, au design, au confort, à la taille[9], etc.

Le Positionnement de Rose La Biche™ [10]

Le tee-shirt customisé est une niche de marché aux États-Unis. Directement lié au secteur du tee-shirt, c'est un produit très recherché par les consommatrices des grandes métropoles américaines, notamment en Californie où les femmes sont plus sensibles qu'ailleurs à un « *style empreint de nouveauté, de fantaisie et de singularité[11]* ». En effet, si j'ai décidé de lancer le projet Rose La Biche Designs à Los Angeles en 2006, c'est que j'ai pu clairement constater cette tendance à laquelle deux éléments essentiels s'ajoutaient : l'omniprésence du tee-shirt dans la garde-robe californienne et le goût pour les produits griffés *'French touch'*. Or, malgré la vive concurrence

de ce secteur, je me rendais compte qu'il n'existait pas à l'époque sur ce marché de marque artisanale indépendante[12], véritable spécialiste du tee-shirt customisé. C'est le positionnement que je décidais d'adopter.

---

8   une gamme de produits = a product range

9   la taille = the size

10   photo credit : Rose La Biche™

11   analyse menée par le Poste d'Expansion Économique de New York - fiche de synthèse 'Le Marché américain du prêt-à-porter féminin' (Octobre 2003).

12   indépendante : s'entend ici comme 'non-industrielle', c'est à dire artisanale (dont les produits sont fait à la main pièce par pièce), non rattachée à un grand groupe textile.

Aussi, après avoir étudié en détail le marché du prêt-à-porter[13] et celui du tee-shirt, je concluais que je devais me positionner comme *marque* plutôt que comme *designer* indépendant. Cette différence sensible de positionnement implique notamment la construction d'une *identité de marque,* exercice peu commun sur cette niche de marché.

Ce positionnement découle du travail fait en amont lors de l'étude du marché Américain du t-shirt qui possède un vocabulaire spécifique et exclusif qu'il est absolument indispensable de maîtriser afin de savoir se positionner correctement et choisir efficacement le réseau de distribution adapté, comme le stipule le tableau ci-dessous[14] :

Segmentation	Termes utilisés	Spécificités
PAR CATEGORIE DE STYLE	Classic	Collection de style traditionnel. Vêtements considérés comme 'basiques' et intemporels.
	Updated ou 'Missy'	Collection qui possède un esprit classique ou traditionnel mais avec une interprétation moderne. Style s'adressant à une consommatrice plus âgée (>55 ans). Les tailles sont grandes (de 4 à 18).
	Fashion Forward	Version plus 'tendance' et plus 'mode' que les collections 'Updated'.
	Contemporary (jeune, 'sexy' et 'funky')	Tenue 'eye-catching', mode et sexy sans être vulgaire, et 'funky' par des petites touches qui la compose. Style s'adressant à une consommatrice âgée de 15 à 60 ans, au pouvoir d'achat confortable, jeune d'esprit, très soucieuse de son corps et attachant une importance toute particulière 'to look great' : elle veut paraître jeune. Les tailles vont de 4 à 12. Créneau le plus important des segments DESIGNER, BRIDGE et BETTER. De nombreuses marques misent sur ce style.
	Young Designer	Collections crées par les derniers jeunes talents de New York ou d'Europe. Vêtements possédant créativité, style et innovation associés á la ville. Collections souvent vendues en grands magasins (Henry Bendel ou Bergdorf Goodman)

---

13 ready to wear

14 tableau reconstitué à partir des informations recueillies sur le site Internet de l'Association American Apparel & Footwear (www.apparelandfootwear.org) + le site internet du Fashion Center Information Kiosk de New York City (www.fashioncenter.com) et de l'étude sectorielle 'Mieux connaître le marché américain du prêt-à-porter féminin' -Guide répertoire des Mission Économiques - PEE de New York, 2003

PAR CATEGORIE DE PRIX	Couture	Couturiers et créateurs de mode de notoriété internationale. Collections sur mesure. Créneau luxe. Achat validé par le nom, le savoir-faire et la qualité des produits. Pas de nécessité d'adaptation des marques européenne sur le marché américain. Facteur clef de succès : créativité
	Designer	Regroupe productions des créateurs déjà établis et des jeunes nouveaux designers. Créneau Haut de gamme. Vente en grands magasins ou boutique en nom propre. Les marques européennes doivent adapter leurs produits au marché américain. Facteur clef de succès : rapport qualité-prix
	Bridge	Regroupe les collections les moins chères des créateurs. Créneau intermédiaire entre le moyen et le haut de gamme. Segment devient saturé. Le prix et des formules de distribution complètes (grands magasins + boutiques en nom propre + boutiques spécialisées) sont les facteurs déterminants. Facteur clef de succès : le marketing
	Better	Regroupe les marques nationales de prêt-à-porter à grande diffusion + marques étrangères qui ne jouissent pas d'une notoriété internationale. Créneau considéré comme le haut du moyen de gamme. Le 'life-style' communiqué par la marque est important. Facteur clef de succès : service après-vente + rapport qualité-prix
	Moderate	Regroupe les marques bon marché + collections des chaînes de magasins américains. Créneau moyen de gamme. Facteur clef de succès : idem que segment 'better'
	Popular	Différents types de marques. Créneau à la limite entre le bas et le moyen de gamme. Facteur clef de succès : service après-vente + rapport qualité-prix
	Budget	Différents type de marques. Créneau bas de gamme.
PAR CATÉGORIE DE PRODUITS	Sportswear	Contrairement à ce que son nom indique, cette désignation n'a rien à voir avec le sport. Le 'sportswear' est une création de l'industrie de la confection américaine. Précurseurs de ce type de vêtements, il représente le style de vie américain. Ce créneau comprend les tenues décontractées, dépareillées, que l'on peut porter au bureau ou bien pendant ses loisirs.
	Casualwear	Ce créneau comprend les tenues portées en dehors du lieu de travail, pendant les loisirs et le week-end. Ce segment se développe chaque année un peu plus, notamment depuis l'introduction du 'casual Friday' dans les bureaux américains. 56% des américains affirment s'habiller de façon 'business casual' pour aller au travail.
	Career clothing	Ce créneau est celui de la femme au travail : aussi appelé 'business' ou 'officewear'. Il s'agit de vêtements classiques et plutôt sobres dans la pure tradition anglaise (tailleurs). Aux USA, les femmes actives appartenant á certaines entreprise ou corps de métiers se doivent d'être habillées de façon assez formelle sur leur lieu de travail.
	Activewear	Ce créneau a connu un essor extraordinaire dans les années 1980 avec l'explosion des activités sportives. Il s'agit de tenues sportives qui sont maintenant de mise dans les gardes-robes.
	Eveningwear, Dresses & Cocktail	Ce créneau est beaucoup plus développé aux USA qu'en France. Il se rapporte à une clientèle aisée qui accorde une importance particulière à la vie en société (tenues de soirées). Le style diffère d'une région à l'autre (robes longues et ornementées dans le sud, robes courtes et simples dans le nord, influence du milieu hollywoodien à l'ouest).
	Bridal	Créneau incluant les robes de mariées et autres robes très habillées.
	Streetwear	Ce créneau s'adresse plutôt à une clientèle jeune et branchée. Ce style puise ses racines dans la culture hip-hop (salopettes, méga-pantalons, tee-shirt extra-large).

Enfin, les tailles américaines sont un autre élément distinctif du marché américain du prêt-à-porter féminin. Les morphologies des femmes américaines sont très différentes de celle des européennes du fait des différentes communautés ethniques : afro-américaines, caucasiennes, hispaniques et asiatiques. Pour les tailles aussi, il est important de savoir se positionner au plus juste afin de répondre au mieux aux demandes de ce marché.

Questions

1. Expliquez que veut dire un « style empreint de nouveauté, de fantaisie et de singularité ». Est-ce que vous cherchez personnellement ces qualités dans vos vêtements ?

2. Quels éléments est-ce que Lucy a étudié pour positionner Rose La Biche™ ?

3. Quels éléments spécifiques à la Californie a-t-elle considéré en choisissant son positionnement?

4. Est-ce que Lucy a choisi de se positionner comme marque ou comme designer ?

5. Quelle est la segmentation du marché du prêt-à-porter aux États-Unis que Lucy a dû maîtriser pour son étude du marché américain?

6. Selon la description du produit, dans quelles catégories peut-elle positionner ses tee-shirts aux États-Unis ?

7. Y a-t-il des catégories de style, de prix, ou de produit que Lucy doit exclure pour ses tee-shirts ? Expliquez pourquoi ou pourquoi pas.

8. Qu'est-ce qui rend les tee-shirts Rose La Biche™ « crédibles », « différents », et « attractifs » ?

Moyens

Moyens humains

Je suis la seule personne à gérer l'ensemble de la gestion de l'entreprise :

- en amont[15] : définition de la collection (stylisme), achat matière première (choix des fournisseurs et négociation – tissus, accessoires, marketing papier), définition politique marketing (relations publiques, marketing direct) et commerciale
- en aval : prospection[16] et démarchage[17] client + vente

---

15 en amont et en aval: upstream and downstream (from the provider to the customer), upfront and down the line
16 prospecting or canvassing
17 ou « porte-à-porte »: door-to-door sales

Je me suis préparée à la sous-traitance[18] éventuelle d'une partie de la production en cas de nécessité (après 4 ans d'activité, cela est sur le point d'être mis en place depuis mon retour en Europe) mais je ne comptais pas y avoir recours dans la phase initiale de lancement.

La création du site Internet est extériorisée mais la prise de photo des produits et son actualisation mensuelle se fera en interne. La comptabilité est extériorisée (obligatoire une fois par an aux États-Unis, elle est simplifiée pour les petites structures à qui l'on demande simplement un suivi recettes/dépenses basique)

Activités

1. Quelles activités est-ce que Lucy fait elle-même ? Lesquelles sont faites par une autre personne ou une autre entreprise ?

2. Quels sont les avantages et les désavantages d'être la seule personne à gérer une entreprise en amont ? Et en aval ? Et si la gestion se fait par plusieurs personnes, qu'est-ce qui change ?

3. Avec un partenaire, dressez une liste des avantages et des désavantages pour chaque catégorie et remplissez la grille suivante.

	avantages	désavantages
gestion de l'entreprise en amont par une seule personne		
gestion de l'entreprise en aval par une seule personne		
gestion de l'entreprise en amont par plusieurs personnes		
gestion de l'entreprise en aval par plusieurs personnes		

18 subcontracting

Moyens techniques[19]

- **un atelier artisanal** : Les tee-shirts seront customisés dans l'atelier de

l'entreprise. J'y travaillerai à plein temps et serai épaulée, dans un deuxième temps par une couturière free-lance utilisée en fonction de la demande (commandes importantes). À terme, cette couturière pourrait être embauchée et utilisée uniquement pour répondre aux demandes émanant des commandes Internet. L'outil de production est composé d'une machine à coudre professionnelle, une machine de transfert à chaud pour tee-shirt et d'une presse manuelle à œillet. Ces machines représentent le plus gros budget de l'investissement initial.

- **un site internet professionnel et à l'aspect 'branded'**[20] : Les Américains sont les plus gros consommateurs de E-commerce[21] dans le monde (47% du chiffre d'affaires mondial de l'E-commerce, soit 1,5 millions de dollars en

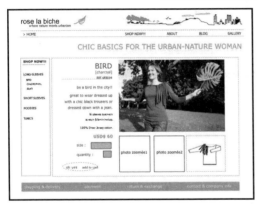

2002) avec 5% des ventes d'habillement réalisées sur Internet en 2002. Selon un rapport publié début 2003, le marché du e-commerce devait enregistrer, en moyenne, une progression de 19 % par an sur cinq ans. En suivant ce cap, les ventes en ligne pèseraient alors USD$ 229,9 milliards en 2008 contre USD$ 95,7 milliards en 2003. Une progression qui permettra à l'E-commerce de capter d'ici 2008 10 % du total des ventes au détail réalisées aux États-Unis. Cette croissance est nourrie en premier lieu par une augmentation du nombre de cyber-consommateurs. D'ici à 2008, le nombre de ménages

américains qui effectueront leurs achats en ligne progressera de cinq millions par an pour atteindre les soixante-trois millions, ce qui correspond à une progression de 66 % sur cinq ans.

Le site Internet est donc fondamental pour une marque indépendante, lui garantissant à la fois une bonne visibilité, mais aussi une communication de qualité

---

19   photo credit : Rose La Biche™

20   Cette section représente la recherche faite par Lucy en créant son entreprise. Pendant la période de Thanksgiving aux États-Unis en 2007 et 2008 « comScore a tenté de comparer pour chaque secteur l'état des ventes entre le « hors ligne » et le « en ligne ». Ainsi, alors que les ventes de vêtements et d'accessoires ont crû de 4 % sur la toile, ils ont globalement régressé de 19 à 21 %. Source : « États-Unis : les ventes en ligne ont chuté de 3 % durant les fêtes, »

21   E-commerce = ensemble des activités commerciales effectuées sur les réseaux électroniques, incluant la promotion, la vente en ligne de produits et le service clients. Internet, en interconnectant l'ensemble des acteurs de la chaîne, permet de lancer l'ensemble de ces opérations simultanément, par un processus «continu» avec comme principale conséquence une radicale réduction des délais et des coûts.

auprès de ses clientes. Plus l'attention est portée à la création d'un site de vente qualitatif et professionnel, plus l'image de la marque en sera renforcée. Internet comme canal de distribution unique dans un premier temps présente l'avantage de vendre auprès de clients finals (B to C) mais aussi à terme de se faire connaître auprès de boutiques multimarques qui pourraient être intéressées pour représenter ou distribuer la marque (B to C). Internet reste le moyen de diminuer le nombre des intermédiaires et d'augmenter ses marges pour une marque artisanale, à ses débuts. Le site de Rose La Biche™ a représenté un investissement initial important : il est donc développé par un webmaster externe et est régulièrement mis à jour tant en terme de nouveauté produits que de design.

En parallèle de ce site internet, Rose La Biche™ possède une deuxième boutique en ligne hébergée sur le site communautaire ETSY (www.roselabiche.etsy.com). Avoir cette boutique en ligne en complément de mon propre site internet me permet de gagner une bonne visibilité (plusieurs millions de visites par jours sur le site de ETSY) mais aussi d'obtenir une source de business supplémentaire. Le fait que Rose La Biche™ ait son propre site internet totalement indépendant de ETSY permet de renforcer la crédibilité de la marque auprès de la clientèle et des prospects potentiels découvrant la marque pour la première fois à travers ce site communautaire.

États-Unis : évolution de la part des acheteurs en ligne et du chiffre d'affaires du e-commerce				
	2001	2003	2004	2007
Nombre de personnes qui achètent en ligne	65,3 millions	85,7 millions	94,9 millions*	115 millions
Pourcentage de la population qui achète en ligne	53,2 %	58,3 %	61 %	67,4 %
Chiffre d'affaires des ventes en ligne ou enchères, voyages et billetterie	--	56 milliards de dollars	72,5 milliards de dollars	121,1 milliards de dollars

Source : eMarketeters, juillet 2004

Questions

1. Qui travaille dans l'atelier artisanal de Rose La Biche™?

2. Comment est-ce que le travail est divisé ?

3. Quelles machines sont utilisées dans l'atelier ?

4. Pourquoi est-ce que le site internet de Rose La Biche™ est particulièrement important pour le marché américain ?

5. Faites de la recherche en ligne pour identifier le nombre de ménages américains qui ont fait leurs achats en ligne pendant l'année précédente.

6. Quels sont les avantages de la vente par Internet, selon Lucy ?

7. Expliquez ce que la boutique en ligne sur le site de ETSY apporte à Rose La Biche™.

8. Consultez le site de Rose La Biche™ (http://roselabiche.com) et faites une analyse de sa présentation. Quelles méthodes est-ce que Lucy emploie pour vendre en ligne ?

Choix de la structure d'entreprise : le 'sole proprietorship'

Compte tenu du type d'activité que je souhaitais développer en 2005, du budget global que je possédais et du fait que je n'emploierais pas de personnel (tout du moins dans un premier temps), la structure qui me semblait la plus simple à gérer aux USA est le *sole proprietorship*.

Cette structure américaine a depuis 2009 un équivalent Français : la micro-entreprise (statut d'auto-entrepreneur). Il s'agit en fait d'une 'société à responsabilité illimitée' : n'ayant pas de personnalité morale, le *sole proprietorship* désigne simplement l'exercice par une personne physique d'une activité commerciale. La S.N.C.[22] est en effet dotée d'une personnalité morale et doit avoir au moins deux associés. L'E.U.R.L. (qui n'a qu'un associé) est également dotée d'une personnalité juridique distincte et surtout est à responsabilité limitée. Le *sole proprietorship* se rapproche ainsi de la micro-entreprise à la Française. C'est la structure la plus courante aux USA : 73% de l'ensemble des entreprises américaines sont des *sole proprietorships*[23].

La constitution d'un *sole proprietorship* ne nécessite pas d'écrit. Cette structure ne peut accueillir qu'un seul membre qui, en raison de l'absence de personnalité morale, est directement propriétaire des actifs et responsable des dettes. Sa responsabilité est donc illimitée et aucun apport de capital n'est nécessaire pour la constitution du *sole proprietorship*. L'organisation de cette entité commerciale est également sommaire : son seul propriétaire en est nécessairement le seul gérant. Enfin, le *sole proprietorship* n'est pas soumis au régime de la double imposition mais à celui de la transparence.

L'avantage principal de cette structure est qu'elle ne nécessite pas d'apport initial important : un point fondamental pour une activité artisanale basée chez soi. Cette structure peut également être modifiée à tout moment vers une structure plus importante (notamment en cas de nécessité d'import de marchandises hors des USA)

---

22   La SNC = Société en Nom Collectif, une forme juridique peu fréquente en France.

23   Source: Experian USA, entreprise spécialisée dans l'analyse de données statistiques. www.experian.com

Questions

1. Quels facteurs ont influencé Lucy dans sa décision de devenir un « sole proprietorship » ?
2. Quel est l'équivalent français du « sole proprietorship » ?
3. Depuis quand existe ce statut ?
4. Quelles sont les caractéristiques d'une S.N.C. ? Comment se différencie-t-elle de l'E.U.R.L. ?
5. Quel est le pourcentage d'entreprises américaines qui sont des *sole proprietorships* ?
6. Faites une description du *sole proprietorship*. Quels sont les avantages principaux de cette forme juridique en ce qui concerne les besoins de Rose La Biche™ ?
7. Remplissez la grille à la page suivante (similaire à ce que vous avez complété au Chapitre 2) pour faire une comparaison du *sole proprietorship* à une S.A. et une S.A.R.L. Faites de la recherche supplémentaire si nécessaire.

	SARL	SA	sole proprietorship
Nombre d'associés ?	entre 2 et 50	un minimum de 7	
Capital social ?	Tout ce que les associés ont apporté à la société constitue le capital social. On peut faire un apport en nature (un immeuble, du matériel, etc.) ou un apport en numéraire (de l'argent). Le capital est divisé en « parts sociales ». Il n'y a pas de minimum, alors, on peut commencer une S.A.R.L. avec un euro.	Tout ce que les associés ont apporté à la société constitue le capital social. On peut faire un apport en nature (un immeuble, du matériel, etc.) ou un apport en numéraire (de l'argent). Minimum : - 37 000 euros ; - ou 225 000 euros si la société est cotée en Bourse. Le capital est divisé en actions, et on appelle les associés des « actionnaires ».	

La gestion de la société ?	Les associés choisissent un ou plusieurs gérants pour diriger la société. Il y a une assemblée générale chaque année pour réunir les associés.	La société peut être gérée par un conseil d'administration de 3 à 12 administrateurs avec un PDG (président-directeur général) qui les dirige, ou par un directoire de 2 à 5 membres. Si la société est dirigée par un directoire, un conseil de surveillance (de 3 à 12 membres) gouverne le directoire. Il y a une assemblée générale chaque année pour réunir les associés.	
Responsabilité des associés ?	Les associés ne sont pas responsables des dettes de la société. Par contre, en cas de faillite, les associés perdent tout ce qu'ils ont apporté à la société.	Les associés ne sont pas responsables des dettes de la société. Par contre, en cas de faillite, les associés perdent tout ce qu'ils ont apporté à la société.	

Enregistrement officiel auprès de l'administration américaine

Cette démarche est une formalité[24]. Mais comme il est parfois difficile pour un Français de savoir comment elle se déroule, je la présenterai ici très succinctement, sachant que nous nous attacherons à parler uniquement du cas du *sole proprietorship sans employés*, structure juridique que j'ai choisi pour Rose La Biche Designs pour laquelle le recours à un avocat n'est pas obligatoire :

- demande du formulaire DBA (Doing Business As) auprès de la mairie centrale de Los Angeles : le remplissage du formulaire est simple et il coûte USD$23. La démarche dure moins de cinq minutes. Pas de carte de résident nécessaire.

---

24 Lucy explique les démarches telles qu'elles étaient au moment de la création de son entreprise. C'est un exemple très précis selon ses expériences. Les frais et les formulaires varient selon le lieu d'implantation et le moment de l'enregistrement.

- Publication des bancs[25] dans un journal local : Les bancs doivent être publiés pendant quatre semaines durant dans un journal proche du lieu de résidence. Cette formalité coûte entre USD$35 et USD$50 selon les journaux.
- Demande du formulaire de la « business license » auprès de la mairie du lieu de résidence (Santa Monica en l'occurrence) : délivrance de l'autorisation à procéder à une activité professionnelle depuis son lieu de résidence (appartement). Il s'agit ici d'une déclaration sur l'honneur stipulant que le déroulement quotidien de l'activité ne causera aucune nuisance au voisinage. L'obtention du certificat est immédiate et coûte USD$10. Une carte de résident (numéro de sécurité social américain) est obligatoire à l'obtention de ce document.
- Ouverture du compte bancaire : L'ouverture du compte bancaire au nom de l'entreprise se fait relativement facilement si on a déjà un compte personnel local. La copie de l'original du formulaire de DBA est nécessaire à cette formalité.

Questions

1. Où va-t-on pour demander le formulaire DBA (Doing Business As) ?
2. Pour enregistrer un « sole proprietorship » à Los Angeles, il n'est pas nécessaire de consulter _____ .
3. Pendant combien de temps est-ce qu'on doit publier les bancs dans un journal local ?
4. Où est-ce qu'on doit aller pour demander le formulaire de la « business license » ?
5. Ensuite, quelle autorisation est-ce qu'on reçoit ?
6. Quel(s) document(s) sont obligatoire pour obtenir un certificat d'autorisation ?
7. Qu'est-ce qui est nécessaire pour ouvrir un compte bancaire ?

---

25 La publication des bancs est une étape pour rendre public une transaction légale et de faire connaître votre projet aux citoyens. Cela permet au public de formuler une objection formelle.

Création du statut d'auto-entrepreneur en France et les démarches à suivre

En France, le statut d'auto-entrepreneur (très proche de celui de 'sole proprietorship' américain) a été créé en 2009 ce qui a entrainé la création de milliers d'entreprises en quelques mois.

Outre le fait qu'il permette de démarrer une activité sans capital initial, ce régime permet une simplification extraordinaire des formalités administratives et un allègement des charges sociales, fiscales et administrative. Cela se traduit par :

- une déclaration et un paiement simplifié des cotisations et contributions sociales (le régime micro social simplifié)
- une déclaration et un paiement simplifié de l'impôt sur le revenu (versement libératoire de l'impôt sur le revenu), sur option et sous certaines conditions.
- pour les créateurs d'entreprise artisans et commerçants (ce qui est le cas de Rose La Biche™), la dispense d'immatriculation au registre du commerce et des sociétés et au répertoire des métiers[26].

La création du statut est facile puisqu'il suffit de se connecter sur le portail officiel (www.lautoentrepreneur.fr), muni d'un scan de sa carte d'identité, pour effectuer les formalités de création. Il faut compter ensuite une quinzaine de jours pour recevoir son numéro Siret[27], mention indispensable sur les factures.

Dans le cas où aucune recette n'est réalisée, il n'y a ni charges sociales, ni impôts à payer. Dans la limite d'un certain chiffre d'affaires maximum à ne pas dépasser annuellement (celui-ci variant chaque année), un pourcentage de ce chiffre d'affaire est prélevé annuellement ou trimestriellement, au choix, couvrant à la fois les charges sociales et les impôts – dans le cas de Rose La Biche™, l'activité de vente de marchandises est taxée à 13 %.

Rose La Biche™ France a donc été créée sous ce statut en Octobre 2010 date où les boutiques en ligne ont pu reprendre leur activité depuis la France.

---

26 Depuis le 1er avril 2010 pour exercer une activité artisanale à titre principal, l'immatriculation au répertoire des métiers (RM) est obligatoire et, le cas échéant, l'auto-entrepreneur doit également attester d'une qualification professionnelle.

27 Le numéro SIRET est un identifiant d'établissement. Cet identifiant numérique de 14 chiffres est articulé en deux parties : la première est le numéro SIREN de l'entreprise (ou unité légale ou personne juridique) à laquelle appartient l'unité SIRET ; la seconde, habituellement appelée NIC (Numéro Interne de Classement), se compose d'un numéro d'ordre à quatre chiffres attribué à l'établissement et d'un chiffre de contrôle, qui permet de vérifier la validité de l'ensemble du numéro SIRET.

Questions

1. Quand est-ce que le statut d'auto-entrepreneur est devenu un choix possible pour les entreprises en France ?

2. Quels sont les avantages majeurs de ce statut ?

3. Combien de capital social faut-il avoir pour créer une entreprise sous le statut d'auto-entrepreneur ?

4. Que veut dire « charge sociale » ou « contribution sociale » ? Faites de la recherche pour écrire une définition.

5. Expliquez le processus de la création du statut d'auto-entrepreneur. Quel(s) objet(s) faut-il avoir pour compléter les formalités ? Où faut-il aller ? Combien de jours faut-il pour recevoir le numéro Siret ?

6. Expliquez que veut dire « aucune recette n'est réalisée ».

7. Quel est le pourcentage d'impôts sur les ventes payé par Rose La Biche™ ?

8. Quand est-ce que Rose La Biche™ a été créée sous le statut d'auto-entrepreneur en France ?

Activité

Faites de la recherche en ligne sur le site officiel pour l'auto-entrepreneur (www.lautoentrepreneur.fr) et répondez aux questions suivantes.

1. Quelle est la forme juridique obligatoire pour l'auto-entrepreneur ?

2. Quel est le chiffre d'affaires annuel maximum pour les activités de vente de marchandises pour l'année en cours ?

3. Quel est le chiffre d'affaires annuel maximum pour les activités de prestations de services pour l'année en cours ?

4. Quelles sont les trois étapes en ligne pour devenir Auto-Entrepreneur ?

Marketing et publicité

Avant de lire

1. Pourquoi est-ce que l'emballage[28] ou le conditionnement d'un produit est important ? À quoi sert-il ?

2. À votre avis, quelles sont les caractéristiques d'un bon nom de marque ?

3. Pour vendre un produit, quels éléments faut-il considérer ?

---

28 le packaging

Marketing

Le marketing cherche à déterminer les méthodes pour vendre des biens ou des services en consultant les attitudes et la motivation des consommateurs ou du public en général. En faisant une étude de marché, on peut ensuite créer une stratégie de marketing, segmentée selon la clientèle ciblée. Les éléments qui comprennent le marketing mix sont :

- le produit (le conditionnement, le design, l'emballage, l'image de marque, la gamme de produit, etc.)
- le prix (le coût, les marges, combien le client va vouloir payer, etc.)
- la distribution (où on peut acheter le produit : grands magasins, détaillants, etc.)
- la publicité (publicité sur le lieu de vente, échantillons, le parrainage ou le sponsoring, le mass-média : presse, tv, cinéma, affichage, radio, Internet, etc.)

Pour créer une campagne de marketing plus précise, il est parfois utile de considérer les éléments suivants:

- la société (la gamme de produits, l'image au sein du marché, la culture de l'entreprise, etc.)
- les clients (la taille du marché, la croissance du marché, les segments du marché, les facteurs importants de l'achat tels que la saison, la nécessité, etc.)
- les concurrents (leurs forces et faiblesses)
- le contexte (les facteurs environnementaux)

Activité

Prenez les informations que vous avez acquises de Rose La Biche™ et définissez le marketing mix. Identifiez les éléments suivants :

- la société
- le produit
- le prix
- la distribution
- les clients
- les concurrents
- le contexte

Publicité

La publicité est une forme de communication dont le but est de vanter les mérites d'un produit ou d'une entreprise et de contribuer à l'augmentation de ses ventes[29]. La publicité cherche à fixer l'attention d'une cible visée telle qu'un consommateur, un utilisateur, un électeur, etc.

La publicité média inclut:

- l'affichage fixe ou mobile
- la presse écrite (annonces, etc.)
- les spots publicitaires à la radio ou à la télévision
- le sponsoring d'émissions
- la téléphonie mobile (publicité par textos)
- le placement de produits dans les films
- la publicité en ligne via l'internet (bannières publicitaires, moteurs de recherche, marketing viral, etc.)

La publicité dans le hors média inclut :

- le marketing direct ou « mercatique direct » (le télémarketing et le publipostage)
- les relations publiques
- la publicité sur lieu de vente ou « PLV » (affiches, stands avec un animateur ou animatrice, etc.)
- le parrainage (rémunérer un client qui apporte de nouveaux clients à l'entreprise)
- la communication évènementielle (salon, congrès, festival)
- les jeux vidéo
- les cadeaux de fidélisation, les objets de promotion, les produits publicitaires, etc.

Pour bien cibler la publicité, il y a plusieurs éléments à considérer :

- la conception de la marque
- la présentation (emballage, packaging, conditionnement)
- la rédaction des annonces, etc.
- la conception (affiches, etc.)
- l'étude de marché (voir 8.8 « Étude de marché »)
- les enquêtes (la réaction du public vis-à-vis le produit, les résultats de la campagne publicitaire, les atouts et les faiblesses d'un produit concurrent, etc.)

---

29   Source: Bénouis, pp. 84-90.

Activités

1. Pour faire connaître les tee-shirts de Rose La Biche™, quels moyens publicitaires seront les plus efficaces et pourquoi ? Justifiez votre réponse avec des détails.

2. Quel type de présentation sera le plus efficace pour donner l'image du slogan « where nature meets urbanism » ? Décrivez le meilleur conditionnement pour les tee-shirts de Rose La Biche™.

3. Quels sont les mérites des tee-shirts Rose La Biche™ que Lucy devrait promouvoir ?

4. Analysez cette image qui n'est pas liée à Rose La Biche™ et imaginez qu'elle fait partie d'une campagne publicitaire. Répondez aux questions suivantes :

   a. Quel est le produit vendu ?

   b. Quel est le moyen publicitaire probable ?

   c. À qui est-ce que le message est destiné ?

   d. Qui sont les clients pour ce produit ?

   e. Quel est le ton de cette publicité ?

   f. Est-ce que la publicité est mémorable ? Va-t-on se souvenir de la marque ? Expliquez.

   g. Est-ce que la publicité est efficace à votre avis ? Pourquoi ou pourquoi pas ?

   h. Avec un partenaire, écrivez un texte pour accompagner l'image.

   i. Expliquez votre choix de vocabulaire. Comment le produit se définit-il ?

5. Choisissez un moyen publicitaire et faites de la recherche sur son usage en France ou dans un pays francophone. Présentez des faits et des exemples dans un reportage écrit. Analysez des différences culturelles entre l'usage de ce moyen publicitaire dans le pays que vous avez choisi et dans votre pays d'origine.

Activité orale et écrite 1 : Analyse de publicité

Regardez le DVD « TV Commercials in French » (New York, NY : Distributed by Insight Media, 1999) ou trouvez une campagne publicitaire francophone sur l'Internet. Choisissez un spot publicitaire et faites une analyse. Répondez aux questions suivantes :

1. À qui est-ce que le message est destiné ?

2. Selon ce que vous avez vu, qui sont les clients pour ce produit ?

3. Voyez-vous des différences entre la publicité francophone et celle de votre pays ? Lesquelles ?

4. Expliquez le choix de vocabulaire utilisé. Comment est-ce que le produit se définit ?

5. Analysez les couleurs et les images utilisées. Quel est le ton de cette publicité ?

6. Est-ce que la publicité est mémorable ? Va-t-on se souvenir de la marque ? Expliquez.

7. Est-ce que la publicité est efficace à votre avis ? Pourquoi ou pourquoi pas ?

Étude de marché

Quand vous proposez un nouveau produit à une entreprise, vous devez savoir par avance les perspectives de rentabilité. Pour déterminer les possibilités, vous devez connaître le marché : existe-t-il des clients pour votre produit ? Qui sont ces clients ? Combien vont-ils payer pour votre produit ? Par rapport aux frais de l'entreprise, vous pouvez ensuite déterminer les possibilités de vente et de positionnement.

Une étude de marché vous permet de connaître vos clients potentiels.

Selon l'Agence pour la Création d'Entreprises (apce.com), l'étude de marché vous permet[30] :

- de mieux connaître les grandes tendances et les acteurs de votre marché, et de vérifier l'opportunité de vous lancer,
- de réunir suffisamment d'informations qui vont vous permettre de fixer des hypothèses de chiffre d'affaires,
- de faire les meilleurs choix commerciaux pour atteindre vos objectifs (déterminer sa stratégie),
- de fixer, de la manière la plus cohérente possible, votre politique « produit », « prix », « distribution » et « communication » (mix marketing),
- d'apporter des éléments concrets qui vous serviront à établir un budget prévisionnel.

Pour cibler vos clients et connaître vos concurrents, répondez aux questions suivantes :

Qui sont les acheteurs et les consommateurs ?

Quels sont leurs besoins ?
Comment achètent-ils ?
Où vivent-ils ?
Comment se comportent-ils ?...

---

30 Source for information: « L'Etude de marché, » http://www.apce.com/pid219/3-l-etude-de-marche.html (23 July 2010).

Qui sont les concurrents ?

Combien sont-ils ?

Où sont-ils ?

Que proposent-ils ?

A quels prix ?...

Un questionnaire d'enquête de marché peut vous servir à déterminer les réponses à ces questions. Pour créer un questionnaire efficace :

- écrivez des questions claires et précises
- évitez les négations et les phrases trop longues
- posez seulement une question à la fois, et
- ne suggérez pas la réponse dans la question[31].

Voici un modèle pour votre enquête :

1. Utilisez-vous_____X produit_____ ?

oui   non

(Si la réponse est « oui » continuez à la question 2. Sinon, continuez à la question # 6)

2. Avec quelle fréquence ?

tous les jours

souvent

de temps en temps

rarement

3. À quelles occasions ?

donnez quelques possibilités

4. Où achetez-vous ces produits ?

donnez quelques possibilités

5. Pour quelles raisons achetez-vous ces produits ?

donnez quelques possibilités

Informations personnelles

6. Vous êtes

homme   femme

7. Votre situation professionnelle

étudiant, chômeur, retraité, ouvrier, femme au foyer, cadre, employé, commerçant, etc.

8. Votre situation familiale

marié, célibataire, sans enfants, avec enfants

---

31   Source: « Etude de marché, » *Affaires.com* p. 48

9. Votre âge

> (les groupes seront déterminés par les besoins de l'étude)
>
> moins de 20 ans, 20-40, plus de 40 ans, etc.

Activités

1. Écrivez un questionnaire d'enquête de marché pour un produit de votre choix que vous voulez vendre aux étudiants universitaires. Distribuez votre questionnaire à vos camarades de classe et analysez les résultats. Pouvez-vous vendre votre produit à ces étudiants ? À quel prix ? Quelles stratégies faut-il adopter ? (Vous pouvez utiliser ces résultats pour votre campagne de marketing.)

2. Lucy pense à créer une collection pour enfants. Identifiez des questions potentielles pour une enquête. À votre avis, qui sera sa clientèle ? Comment doit-on modifier les questions ci-dessus pour identifier le marché de Rose La Biche™ ?

Visionnement 2 : Une campagne de marketing, *Espace détente*

Espace détente

par Bruno Solo et Yvan Le Bolloc'h

France, 2005

Durée : 1h42 min

Basé sur « Caméra Café », une série comique télévisée en France.

Synopsis : « Au fond de la Veule, imaginaire province française, vivote la Geugène Electro Stim, une moyenne entreprise, qui survit grâce à la fabrication et à la vente de la C14, appareil de stimulation électrique ancien, mais peu cher. L'opportunité d'un nouveau produit, le BodyCompact, va jeter cette communauté tranquille dans les affres d'un libéralisme sans foi ni loi. La venue d'un expert, Arnaud Roussel, chargé d'optimiser la mise sur le marché du BodyCompact, va chambouler les cœurs et corrompre les âmes... » (Source : allocine.fr)

Note : Le film *Espace détente* contient de langage très familier et de la comédie sexuelle. Certaines personnes pourraient trouver le contenu du film offensif, mais les scènes sélectionnées ne devraient pas poser de problème.

Avant de regarder

Selon ce que vous avez appris dans ce chapitre, quels sont les éléments importants pour une campagne de marketing ?

Imaginez que vous devez faire une campagne de marketing pour un nouveau produit qui sera vendu par votre entreprise. Tous les salariés et le PDG assisteront à votre présentation. Quel ton adopterez-vous ? Comment vous habillerez-vous ? Quels éléments de votre présentation dépendent du produit que vous vendez ? Expliquez.

Visionnement

Regardez chaque scène plusieurs fois, avec et sans sous-titrage, et répondez aux questions.

Scène 1: Première présentation de la campagne de marketing pour le BodyCompact (19m30 à 20m16)

1. Comment Jean-Claude est-il habillé ? et Nancy ?
2. Décrivez l'attitude de Jean-Claude et celle de Nancy.
3. Quels supports visuels et sonores sont employés?
4. Repérez le type de vocabulaire utilisé par Jean-Claude. Quels mots utilise-t-il pour décrire le BodyCompact ?
5. Quelles sont les critiques que Nancy lui donne ?
6. Qu'est-ce qu'elle aime de la présentation ?
7. Que pensez-vous de cette approche ?
8. Que veut dire « R.A.S. » ?
9. Quels anglicismes sont employés pendant cette scène ?

Scène 2 : Deuxième présentation de Jean-Claude (24m50 à 25m54)

1. Comment Jean-Claude est-il habillé ? et Nancy ?
2. Décrivez l'attitude de Jean-Claude et celle de Nancy.
3. Quels supports visuels et sonores sont employés?
4. Repérez le type de vocabulaire utilisé par Jean-Claude. Quels mots utilise-t-il pour décrire le BodyCompact ?
5. Quelles sont les critiques que Nancy lui donne ?
6. Qu'est-ce qu'elle aime de la présentation ?
7. Que pensez-vous de cette présentation ? Est-elle meilleure que la première ? Expliquez.

Scène 3 : Présentation du BodyCompact à l'entreprise par Jean-Guy, Carole et Arnaud (36m45 à 39m30)

1. Décrivez l'ambiance dans la salle. Comment sont les employés de Geugène ?

2. Décrivez le style de la présentation de Jean-Guy.

3. Selon Carole, en quoi est-ce qu'Arnaud a de l'expérience ? Pourquoi a-t-il été engagé ?

4. Comment les trois présentateurs sont-ils habillés ?

5. Quelles stratégies Arnaud emploie-t-il pour engager le public ?

6. Faites une critique de sa présentation. Arnaud, réussit-il ? Expliquez.

7. Hervé, l'homme qui arrive en retard, a négocié un contrat avec une usine locale. Arnaud lui explique qu'il a des expertises en « délocalisation ». Qu'est-ce que cela veut dire en anglais ?

8. Pourquoi Hervé parle-t-il des élections, à votre avis ?

Après avoir regardé

1. Décrivez l'environnement de travail en général. Correspond-t-il à l'image que vous avez reçu des entreprises françaises ?

2. Quelle est votre opinion de la délocalisation ? Est-elle nécessaire, à éviter, efficace, etc. ? Soutenez votre réponse avec des exemples précis.

Activité orale et écrite 2: Créer une campagne de marketing

Seul ou avec un partenaire, vous allez présenter une campagne de marketing originale. C'est à vous de choisir le produit et de décider quels moyens publicitaires il faut utiliser. Employez des supports visuels et/ou sonores. Vous serez évalué pour le contenu, le vocabulaire, la compréhensibilité, l'effort, et la cohésion culturelle.

Il faut considérer :

- le produit (la description, le nom de la marque, le conditionnement, etc.)
- le prix (le positionnement)
- la distribution (les lieux et les moyens de vente, etc.)
- et la publicité (les moyens publicitaires, le logo, le slogan, etc.)

Faites référence à votre étude de marché (cela peut être inventé).

Lexique

français → anglais

Clé:
n.f.	nom, féminin
n.m.	nom, masculin
pl	pluriel
v.	verbe
adj.	adjectif
fr	France
qb	Quebec
fam	langage familier
angl	anglicisme

à   to

abonnement, *n.m.*   subscription

accomplissements, *n.m.pl*   accomplishments

accueil, *n.m.*   welcome, reception desk

accusé de réception, *n.m.*   acknowledgement of receipt

action, *n.f.*   share/stock

actionnaire, *n.m.*   shareholder

activité, *n.f.*   occupation

activité extrascolaire, *n.f.*   extracurricular activity

activité professionnelle, *n.f.*   business, job

administration, *n.f.*   administration, management, government

adresse, *n.f.*   address

adresse URL, *n.f.*   URL address

adresse de facturation, *n.f.*   billing address

adresse de livraison, *n.f.*   shipping address

agrafe, *n.f.*   staple

agrafeuse, *n.f.*   stapler

allô   hello

allumer, *v.*   to turn on

ambiance, *n.f.*   environment (work)

amincissement   thinning down (weight loss)

annonce de travail   job announcement

annuaire, *n.m.*   directory

annuler, *v.*   to cancel

appareil, *n.m.*   phone (hard-line telephone)

appel gratuit (un numéro vert (fr)), *n.m.*   toll free call

appeler, *v.*   call

appuyer (sur), *v.*   press

arrondissement, *n.m.*   arrondissement, administrative division in France

article, *n.m.*   item

artisanal, *adj.*   hand-crafted

artisanat, *n.m.*   craft industry, handcraft

associé, *n.m.*   partner

atelier, *n.m.*   workshop

atout, *n.m.*   advantage, asset

attaché d'administration, *n.m.*   executive officer *(job classification)*

attendre la tonalité, *v.*   wait for the tone

autorisation, *n.f.*   authorization, clearance number

avantages, *n.m.pl.*   benefits

avertissement, *n.m.*   warning

avoir honte, *v.*   to be ashamed

bas de gamme, *adj.*   low-end, cheap

baser (sur), *v.*   to base (on)

bénéfice, *n.m.*   profit, benefit, advantage

bénévole, *adj.*   volunteer

biens, *n.m.pl.*   goods

bilan, *n.m.*   balance sheet

blanco, *n.m.*   correction fluid

boîte de réception, *n.f.*   inbox

bon, *n.m.*   coupon, voucher

bon d'achat, *n.m.*   gift certificate

bon de commande, *n.m.*   order form

bon de livraison, *n.m.*   delivery slip

bon de réduction, *n.m.*   (discount) coupon

Bonjour, je voudrais parler à M. X.   Hello, I would like to speak with Mr. X bourses, *n.f.pl.* scholarships

branché, *adj.* connected, plugged in (fam = trendy)

brancher, *v.* connect, plug in

brouillon, *n.m.* draft

budget, *n.m.* budget

bureau, *n.m.* office, desk

bureau à cloisons, *n.m.* cubicle

but, *n.m.* goal

C'est (personne) à l'appareil. It's (person) on the phone

C'est de la part de (personne) It's (person) calling

C'est de la part de qui ? May I ask who is calling?

cadre, *n.m.* manager, executive

campagne de marketing, *n.f.* marketing campaign

campagne publicitaire, *n.f.* ad campaign

candidat, *n.m.* candidate

candidature spontanée, *n.f.* unsolicited application

canevas, *n.m.* (qb) template

canton, *n.m.* canton

capacité, *n.f.* ability, skill

capacités informatiques, *n.f.pl* computer skills

capital social, *n.m.* registered capital, joint stock

cartable, *n.m.* briefcase, satchel

carte de présentation, *n.f.* business card

cc cc. carbon copied

centrale d'achats, *n.f.* central purchasing

cerner, *v.* to define

challenge, *n.m.* challenge

chef, *n.m.* boss

chic, *adj.* stylish

chiffre d'affaires (CA), *n.m.* turnover, sales

chômage, *n.m.* unemployment

ci-joint, *adj.* attached

ciblé, *adj.* targeted

circulaire, *n.f.* flyer, circular letter

classer, *v.* to file, to classify, to rank

classeur, *n.m.* file, ring binder

classeur à tiroirs, *n.m.* filing cabinet

classifié, *adj.* classified *(of a position)*

clavier, *n.m.* keyboard, keypad

clientèle cible, *n.f.* target clientele

cliquer, *v.* to click

code vestimentaire, *n.m.* dress code

collectivité d'outre-mer (COM), *n.f.* overseas community

combiné, *n.m.* handset

commande, *n.f.* order

commander, *v.* to order

commerce, *n.m.* shop, store, business, trade

commerce en ligne, *n.m.* e-commerce

commune, *n.f.* village, town

communications, *n.f.pl* talks or presentations

compétence, *n.f.* ability, skill, knowledge

compétition, *n.f.* competition

comportement, *n.m.* behavior

composer un numéro, *v.* to dial a number

comté, *n.m.* canton, county

concept, *n.m.* concept

concurrence, *n.f.* competition

concurrent, *n.m.* competitor

conditionnement, *n.m.* conditioning, packaging

confiant, *adj.* confident

configurer, *v.* to configure

conjoncture économique, *n.f.* economic climate

connaissances, *n.f.pl* acquired knowledge, experience, acquaintances

connexion, *n.f.* connection

consacrer, *v.* to devote, sanction

conseil d'administration, *n.m.* board of directors

consommateur, *n.m.* consumer

consommation, *n.f.* consumption

consommer, *v.* to consume

consulter, *v.* to check (your email)

contact, *n.m.* contact

contact oculaire, *n.m.* eye contact

coordonnées, *n.f.pl* contact information

corbeille, *n.f.* trash (email), trash can

costume, *n.m.* (men's) suit

cotisation, *n.f.* contribution, subscription, dues

courriel, *n.m.* (qb) e-mail or email address

courrier électronique, *n.m.* e-mail

cravate, *n.f.* necktie

créancier creditor

croissance, *n.f.* growth

croissance économique, *n.f.* economic growth

curriculum vitae (CV), *n.m.* curriculum vitae, cv (long form of a resume)

dactylographie (la dactylo), *n.f.* typing

dactylographié, *adj.* typed

dactylographier, *v.* to type

date de clôture, *n.f.* closing date

date de publication, *n.f.* posting date

de from

de garde on call

de service on call

débit, *n.m.* debit

déceler, *v.* to detect

découvert, *n.m.* overdraft

décrocher, *v.* to pick up the receiver

défi, *n.m.* challenge

déficit, *n.m.* deficit

délocalisation, *n.f.* outsourcing

démarchage, *n.m.* door to door sales

département, *n.m.* department

département d'outre-mer (DOM), *n.m.* overseas department

déplacements fréquents de plus de 24 heures extensive overnight travel

déplacer, *v.* to move

description de l'emploi (du poste), *n.f.* job description
destinateur, *n.m.* addressee
détaillant, *n.m.* retailer, retail outlet
détendre, *v.* to relax
détente, *n.f.* relaxation
devise, *n.f.* currency, motto
dièse, *n.m.* pound sign
directe, *adj.* direct
directeur, *n.m.* director
directrice, *n.f.* director
disponible, *adj.* available
distinctions, *n.f.pl* prizes, awards, honors
distribuer, *v.* to distribute
distributeur, *n.m.* distributer
distribution, *n.f.* distribution, placement
divers, *adj.* other
douane, *n.f.* customs
domaines de compétence, *n.m.pl* fields of knowledge
dossier, *n.m.* folder, file folder
double interligne, *adj.* double spaced
durée, *n.f.* duration *(heading)*
E-commerce (commerce en ligne), *n.m.* e-commerce
échantillon, *n.m.* sample
économie, *n.f.* economy
écran, *n.m.* screen
écriture, *n.f.* handwriting
éducation, *n.f.* education
effectif, *n.m.* staff, workforce
email, *n.m.* (fr) e-mail
emballage, *n.m.* packaging
embaucher, *v.* to hire
emplacement, *n.m.* position, location
en amont upstream
en aval downstream
en promotion on sale, discounted
en solde on sale
en tête-à-tête one-to-one
en-tête, *n.m.* header, letterhead
encre, *n.f.* ink
engager, *v.* to commit, to hire
enquête survey
enquête de marché, *n.f.* product study, survey
enregistrement, *n.m.* registering
enregistrer, *v.* to register
entretien d'embauche, *n.m.* (fr) job interview
entrevue, *n.f.* (qb) interview
entrevue d'emploi, *n.f.* (qb) job interview
entrevue de sélection, *n.f.* (qb) job interview
enveloppe, *n.f.* envelope
envoyer, *v.* to send
équipement, *n.m.* equipment
espace, *n.m.* space, room
espérance de vie, *n.f.* life expectancy

esprit d'équipe, *n.m.* working with others
Est-ce que je pourrais parler à … Could I please speak to …
Est-ce que M. X est là ? Is Mr. X there?
état civil, *n.m.* civil status
éteindre, *v.* to turn off
être à l'aise, *v.* to be comfortable, at ease
être côté en Bourse, *v.* to be publicly traded, quoted on the stock exchange
être embauché, *v.* to be hired
être fier, *v.* to be proud
être mal à l'aise, *v.* to be uncomfortable
étude de marché, *n.f.* market study
exigences *n.f.pl* required qualifications
expéditeur, *n.m.* sender
expérience de travail, *n.f.* work experience
exportateur, *n.m.* exporter
exportation, *n.f.* export
fabrication, *n.f.* manufacture
faiblesse, *n.f.* weakness
faillite, *n.f.* bankruptcy
faire du réseautage (qb) networking
faire du Networking (fr) networking
faire grève, *v.* to go on strike
faire la bise, *v.* to greet by kissing cheeks
faire suivre, *v.* to forward
faire un exposé, *v.* to give a report, a talk
filiale, *n.f.* subsidiary, branch (of a company)
flatter, *v.* to flatter
fonction, *n.f.* responsibility, duty
force, *n.f.* strength
forfait, *n.m.* fixed rate
formation, *n.f.* education, training
formule de conclusion, *n.f.* closing salutation
formule de politesse, *n.f.* form of address, closing salutation
formule de salutation, *n.f.* greeting, salutation (Dear Sir, etc.)
fournisseur, *n.m.* provider (internet)
francophone, *adj.* French-speaking
froissé, *adj.* creased, crumpled
fusion, *n.f.* merger
gamme, *n.f.* range, scale, line
gamme de produits, *n.f.* product range, product line
géographie, *n.f.* geography
gérant, *n.m.* manager
gérer, *v.* to manage, run, supervise
gestion, *n.f.* management
gouvernement, *n.m.* government
grand magasin, *n.m.* department store
grève, *n.f.* strike
gréviste, *n.m.f.* striker, picketer
griffe (de vêtement), *n.f.* (clothing) label
griffé, *adj.* labeled
grossiste, *n.m.* wholesaler

habileté, *n.f.* (qb) skill

habitant, *n.m.* inhabitant

héberger, *v.* to host

heures supplémentaires *n.f.pl* overtime

icône, *n.f.* icon

identité de marque, *n.f.* branding

Il n'y a pas de quoi. you're welcome

image de marque, *n.f.* corporate image

s'impliquer, *v.* to get involved

importateur, *n.m.* importer

importation, *n.f.* import

impôt, *n.m.* tax

imprévu, *adj.* unforeseen

inclure, *v.* to include

inflation, *n.f.* inflation

intérim, *n.m.* temp (temporary employee, work)

intérimaire, *adj.* acting, temporary, interim

interligne, *n.m.* line space

interlocuteur, *n.m.* interlocutor (in a conversation)

Internet, *n.m.* internet

investissement, *n.m.* investment

Je vous en prie. You're welcome.

Je vous le/la passe. I am connecting you.

joindre, *v.* to attach

laisser un message, *v.* leave a message

langage corporel, *n.m.* body language

langue, *n.f.* language

leadership, *n.m.* (angl) leadership

lettre, *n.f.* letter

lettre dactylographiée, *n.f.* typed letter

lettre de candidature, *n.f.* (fr) cover letter

lettre de motivation, *n.f.* (fr) cover letter

lettre de présentation, *n.f.* (qb) cover letter

lettre de prospection, *n.f.* inquiry letter (unsolicited application letter)

lettre manuscrite, *n.f.* handwritten letter

lettre spontanée , *n.f.* cover letter for an unsolicited application

licencier to fire or lay off

lien, *n.m.* link

lieu de vente, *n.m.* point of sale

liquide correcteur, *n.m.* (qb) white out

livraison, *n.f.* delivery

logiciel, *n.m.* software program

logo, *n.m.* logo

loisir, *n.m.* hobby

luxe, *n.m.* luxury

magasin à libre service, *n.m.* self-service store

mail, *n.m.* (fr) e-mail

maire, *n.m.* mayor

maire adjoint, *n.m.* deputy mayor

maîtrise de l'écrit, *n.f.* written proficiency (of French language)

maîtrise de l'oral, *n.f.* verbal proficiency (of French language)

maîtrise du français, *n.f.* French language proficiency

majuscule, *n.f. ou adj.* capital (letter)

manuscrit, *adj.* handwritten

maquette, *n.f.* template

marge, *n.f.* margin

marketing direct, *n.m.* direct marketing

marque, *n.f.* brand

matériel, *n.m.* equipment

Mél., *n.m.* e-mail

message électronique, *n.m.* e-mail message

messagerie électronique, *n.f.* message service

messagerie vocale, *n.f.* voicemail service

mettre à jour to update

mi-temps part-time

ministère, *n.m.* Ministry

ministre, *n.m.* Minister (in U.S., Secretary)

minuscule lowercase letter

mise en page, *n.f.* page layout

mode, *n.f.* fashion

mode de livraison, *n.m.* method of delivery

mode de paiement, *n.m.* method of payment

organigramme, *n.m.* organizational chart

moite, *adj.* damp, sweaty

monnaie, *n.f.* currency

montant, *n.m.* amount, sum, total

moteur de recherche, *n.m.* search engine

mou, molle, *adj.* soft, dull, feeble

moyen publicitaire, *n.m.* advertising medium

mutation, *n.f.* transfer, relocation

muter, *v.* to transfer, relocate

navigateur, *n.m.* browser

Ne quittez pas. Don't hang up.

nécessité, *n.f.* necessity, need

Networking, *n.m.* (fr) networking

niche de marché, *n.f.* niche market

niveau, *n.m.* level

nom de domaine, *n.m.* domain name

numéroter, *v.* to number

objectifs, *n.m.pl.* objectives

objet, *n.m.* subject

obliger, *v.* to oblige

obtenir, *v.* to obtain

offre publique d'achat (OPA) , *n.f.* takeover bid

ordre professionnel, *n.m.* professional organization or association

orthographe, *n.f.* spelling

ouvrier, *n.m.* worker

packaging, *n.m.* packaging

page d'accueil, *n.f.* homepage

page Web, *n.f.* webpage

paragraphe, *n.m.* paragraph

par mass media by mass media

parrainage, *n.m.*   sponsorship

part sociale, *n.f.*   joint share

passe-temps, *n.m.*   hobbies/activities

patron, *n.m.*   boss

pause, *n.f.*   break

pays d'outre-mer (POM) , *n.m.*   overseas country

PDG (président directeur général), *n.m.*   CEO, chief executive officer

personnalité, *n.f.*   personality (trait)

personnel de bureau, *n.m.*   office administration

petite annonce, *n.f.*   job announcement

photocopieur, *n.m.*   photocopier

phrase, *n.f.*   sentence

PIB (Produit Intérieur Brut), *n.m.*   GDP (Gross Domestic Product)

pièce jointe, *n.f.*   attachment

plein temps, *adj.*   full time

poignée de main, *n.f.*   handshake

police de caractère, *n.f.*   typeface

police, *n.f.*   font

population active, *n.f.*   working population

portable, *n.m.*   a mobile phone, a laptop computer

positionnement, *n.m.*   positioning

poste, *n.m.*   phone (hard-line telephone)

poste à combler, *n.m.*   position to be filled

poste à pourvoir, *n.m.*   position to be filled

postuler, *v.*   to apply

prélever, *v.*   to debit, deduct

Premier Ministre, *n.m.*   Prime Minister

Président Directeur Général (PDG), *n.m.*   CEO, chief executive officer

prêt-à-porter, *n.m.*   ready to wear

prix, *n.m.*   price

prix, *n.m.pl*   awards

producteur, *n.m.*   producer

production, *n.f.*   production

produire, *v.*   to produce

produit, *n.m.*   product

produit bas de gamme, *n.m.*   low end, poor quality or cheap product

produit de première nécessité, *n.m.*   staple

produit haut de gamme, *n.m.*   high end, high quality or expensive product

Produit Intérieur Brut (PIB), *n.m.*   Gross Domestic Product (GDP)

profession, *n.f.*   profession

profil, *n.m.*   profile

promotion, *n.f.*   promoting, promotion

prospection, *n.f.*   prospecting, canvassing

publicité (la pub), *n.f.*   advertising, advertisement

pull, *n.m.*   sweater

punaise, *n.f.*   thumb tack

qualification, *n.f.*   qualification

qualité, *n.f.*   quality, skill, capacity

qualité de dirigeant, *n.f.*   leadership

qualité de leadership, *n.f.*   leadership

quelqu'un au bout du fil   someone on the other end

questionnaire, *n.m.*   questionnaire

Qui est à l'appareil ?   Who is calling ?

raccourci, *n.m.*   shortcut

rature, *n.f.*   cross-out, deletion

réalisation, *n.f.* (qb)   achievement, accomplishment

récapitulatif de commande, *n.m.*   order summary

récession, *n.f.*   recession

récépissé, *n.m.*   receipt (for payment)

réclame, *n.f.*   publicity, advertisement

recruteur, *n.m.*   recruiter

recto verso   on both sides

redevance, *n.f.*   charge, royalty

réduire, *v.*   to reduce

références, *n.f.pl*   references

région, *n.f.*   region

région d'outre-mer (ROM), *n.f.*   overseas region

relations publiques, *n.f.pl*   public relations

relevé, *n.m.*   summary, statement

relevé d'identité bancaire (RIB), *n.m.*   bank and account number

rencontre, *n.f.*   meeting

rendez-vous, *n.m.*   meeting, appointment

rentabilité, *n.f.*   profitability

répondre, *v.*   to reply

reprendre, *v.*   to resume

représenter, *v.*   to represent

réseau, *n.m.*   network

réseau de distribution, *n.m.*   distribution network

réseau sans fil, *n.m.*   wireless network

réseautage, *n.m.*   networking

ressource, *n.f.*   resource

ressources humaines, *n.f.pl*   human resources

résultat, *n.m*   result, outcome, payoff

réussir, *v.*   to succeed

réussite, *n.f.*   success

Revenu National Brut (RNB), *n.m.*   Gross National Product (GNP)

rigolo, *adj.* (fam)   funny

RNB (Revenu National Brut), *n.m.*   (GNP) Gross National Product

s'il vous plaît   please

salaire, *n.m.*   salary

salarié, *n.m.*   salaried employee

salaire de base, *n.m.*   starting wage

salaire minimum, *n.m.*   minimum wage

salon, *n.m.*   (trade)show, exhibition

salutation finale, *n.f.*   closing salutation

salutation, *n.f.*   salutation

satisfaire, *v.*   to satisfy, fulfill, meet

sauvegarder, *v.* to save

savoir-faire, *n.m.* know-how

scotch, *n.m.* (nom de marque, fr) tape

secrétaire, *n.m.f.* secretary

secteur d'activité, *n.m.* line of business

serrer la main, *v.* to shake hands

serveur, *n.m.* server

services, *n.m.pl* services

services à la clientèle, *n.m.pl.* customer and client services (*job classification*)

serviette, *n.f.* briefcase

siège social, *n.m.* headquarters

sigle, *n.m.* acronym, abbreviation

signature, *n.f.* signature

société anonyme, *n.f.* corporation

société collective, *n.f.* partnership

solde, *n.m.* (bank) balance

soldé, *adj.* discounted

solder, *v.* to sell off, to settle the balance

soldes, *n.m.pl* sales (on sale)

sondage, *n.m.* survey

sonnerie, *n.f.* ringtone, ringing

souligner to underline, to highlight

sous-traitance, *n.f.* subcontracting

soutenir, *v.* to support

spam, *n.m.* spam

sponsoring, *n.m.* sponsorship

spot publicitaire, *n.m.* commercial

stabilité, *n.f.* stability

stage, *n.m.* internship

stagiaire, *n.m.f.* intern

stylo à bille, *n.m.* ball point pen

stylo plume, *n.m.* fountain pen

succursale, *n.f.* branch, outlet

suivi, *n.m.* follow-up

supprimer, *v.* to delete

surfer, *v.* to surf

tâche, *n.f.* task

taper, *v.* to type

taux, *n.m.* rate

taux d'alphabétisation, *n.m.* literacy rate

taux de croissance, *n.m.* growth rate

taux de fécondité, *n.m.* fertility rate

taux d'impôts, *n.m.* tax rate

taux de mortalité, *n.m.* mortality rate

taux de natalité, *n.m.* birth rate

technologie, *n.f.* technology

technologie de l'information, *n.f.* information technology (*job classification*)

télécharger, *v.* to download

téléphone portable, *n.m.* cell/mobile phone

téléphone, *n.m.* phone (hard-line telephone)

téléphoner à, *v.* to call

se tenir droit, *v.* to stand straight

timbre, *n.m.* postage stamp

timide, *adj.* shy, timid

Tippex, *n.m.* (nom de marque, fr) correction fluid

titre du poste, *n.m.* position title

toile d'araignée mondiale, *n.f.* World Wide Web

touche, *n.f.* key (on a computer)

transaction, *n.f.* transaction

transmettre, *v.* to forward, to transmit

transport, *n.m.* transportation

travail de bureau, *n.m.* clerical (*job classification*)

trombone, *n.m.* paperclip

tutoyer, *v.* to address someone informally (with « tu »)

urbain, *adj.* urban

usage, *n.m.* use

usine, *n.f.* factory

vedette, *n.f.* (qb) header, letter head

vente on-line, *n.f.* on-line sales, e-commerce

versement, *n.m.* deposit

verser, *v.* to pay

Veuillez patientez. Please wait.

virus informatique, *n.m.* computer virus

Voulez-vous laisser un message ? Would you like to leave a message?

Voulez-vous patientez ? Can you wait, please ?

vouvoyer, *v.* to address someone formally (with « vous »)

web, *n.m.* web (internet)

wifi, *n.m.* wireless internet

les sigles

BTS : Brevet de Technicien Supérieur

CAP : Certificat d'Aptitude Professionnelle

CDD : Contrat de durée déterminée

CDI : Contrat de durée indéterminée

CNE : Contrat Nouvelle Embauche

COM : collectivité d'outre-mer

CV : Curriculum vitae

DEA : Diplôme d'études approfondies

DESS : Diplôme d'État du Service Social ou Diplôme d'Études Supérieures Spécialisées

DEUG : Diplôme d'Études Universitaires Générales

DOM : département d'outre-mer

DUT : Diplôme Universitaire de Technologie

EDF : Électricité de France

ERP : Établissement Recevant du Public

ESC : École Supérieure de Commerce

ESTACA : École Supérieure des Techniques Aéronautiques et de Construction Automobile

GEA : Gestion des Entreprises et des Administrations

GPAO : Gestion de Production Assistée par Ordinateur

HT : hors taxes

IDF : Ile de France

INSEE : Institut National de la Statistique et des Études Économiques

INSEEC : Institut des Hautes Études Économiques et Commerciales

LEA : Langues Etrangères Approfondies ou Langues Etrangères Appliquées

LM : Lettre de motivation

ONG : Organisation Non Gouvernementale

OPA : Offre Publique d'Achat

PACA : Provence Alpes Côte d'Azur

PDG : Président Directeur Général

PIB : Produit Intérieur Brut

POM : pays d'outre-mer

PME: Petites et Moyennes Entreprises

RH : Ressources Humaines

RNB : Revenu National Brut

SA : Société Anonyme

SARL : Société à Responsabilité Limitée

SAS : Société par Actions Simplifiées

TPE : Très Petite Entreprise

TTC : toutes taxes comprises

TVA : taxe à la valeur ajoutée

Bibliography

Bénouis, Mustapha K. *Le Français économique et commercial*. New York: Harcourt Brace Jovanovich: 1982.

Berg, R.-J. *Parlons affaires! Initiation au français économique et commercial*. Forth Worth, TX: Harcourt Brace & Company, 1999.

Boudriau, Stéphane. *Le CV par compétences: votre portefeuille pour l'emploi*. 2nd edition. Montréal: Editions transcontinental inc., 2002.

Cardinal, Lise and Johanne Tremblay. *Réseautage d'affaires: mode d'emploi*. Les éditions de la fondation de l'entrepreneurship, 2000.

Chamberlain, Alan and Ross Steele. *Guide Pratique de la communication*. Paris : Didier, 1991.

Les Carrières d'avenir. 11th edition. Jobboom, 2008.

« Les 500 au Québec. » http://www.lesaffaires.com/classements/les-500-au-quebec (2 July 2010).

Conseils sur l'orientation professionnelle. Online pamphlet. BEM Career Center. BEM Management School, Bordeaux.

« Embauche: Évitez les gaffes de l'entretien. » *L'Express*. 22 juin 2007. http://www.lexpress.fr/info/quotidien/rss.asp?id=12254 (22 June 2007).

« L'Étude de marché. » APCE. December 2008. http://www.apce.com/pid219/3-l-etude-de-marche.html (23 July 2010).

Le Guide de l'emploi. Développement économique et régionale, Québec: Septembre, 2007.

« Le Langage du corps. » PiloteContact. http://debutants.monster.fr/15266_fr_p1.asp (15 July 2010)

Maillette, Paolo. *CVExpert*. Québec: Septembre, 2004.

Le Marché du travail, cahier du participant. Stratégies de recherche d'emploi. Québec: MC2 Expérience Stratégique, 2007-2008.

Marcil-Denault, Eveline. *Du CV à l'embauche*. Outremont (Québec): Quebecor, 2005.

Les Métiers de la culture. Ottawa: Conseil des ressources humaines du secteur culturel. www.culturenet.ca/chrc/info@culturalhrc.ca

Nadeau, Laurence. *S'installer et travailler au Québec 2008-2009*. 4th edition. Paris: L'Express, 2008.

Penfornis, Jean-Luc. *Affaires.com: méthode de français des affaires*. Paris: Clé international, 2003.

PPC and HK. *Les Vidéos du succès: 500 conseils pour réussir sa vie pro et perso*. Bluffy, France: Kawa, 2009.

« Rédiger sa lettre de candidature. » Université de Rennes. www.kedifoad.net/TRE/TRE1/le_corps_de_la_lettre.html (6 July 2010).

Réussir au Québec: Guide des études et des carrières pour immigrants et étudiants étrangers. Emploi Québec, 2008. 4th edition.

Rigaud, Pascale. *Réussir sa première insertion professionnelle*. Paris: Ellipses, 2006.

Schmitt, Conrad J. and Lutz, Katia Brillié. *Commerce et Marketing: lectures et vocabulaire en français*. New York: McGraw-Hill, 1992.

--- . *Économie et Finance: lectures et vocabulaire en français.* New York: McGraw-Hill, 1993.

Schwartz, Nelson D. and Katrin Bennhold. « In France, the Heads No longer Roll. » *New York Times* (17 February 2008). http://www.nytimes.com/2008/02/17/business/worldbusiness/17france.html (20 September 2010).

St-Pierre, Patricia. *Entrevue d'emploi.* Québec: Septembre, 2006.

Vogt, Peter. « Comment faire un bon suivi. » Trans. by Sophie Welter. http://forum.pvtistes.net/emploi/27463-comment-faire-un-bon-suivi.html (20 July 2010).

Yate, Martin. *Lettres qui ouvrent des portes.* Repentigny (Québec): Goulet, 2001.

Films

L'Auberge espagnole (DVD). Cédric Klapisch. France: 2002.

Bienvenue Chez les Ch'tis (DVD). Dany Boon. France: 2008.

Espace détente (DVD). Bruno Solo et Yvan Le Bolloc'h. France: 2005.

Radishes and Butter: Doing Business with the French (Video cassette). Jo Ann Hinshaw. Cambridge: Schoenhof's Foreign Books, 1996.

Ressources humaines (DVD). Laurent Cantet. France: 1999.

TV Commercials in French (DVD). New York: Insight Media, 1999.

Les Vidéos du Succès. PPC and HK. http://www.youtube.com/user/VideoPeps

Websites

Adecco emplois   www.adecco.qc.ca/

Agencia.ca

Canada Job Search www.canadajobsearch.com

Careego.com

CareerOwl www.careerowl.ca

Commission des Normes du Travail, Québec. www.cnt.gouv.qc.ca/

Éducation Nationale en France www.education.gouv.fr/

Électricité de France france.edf.com/france-45634.html

Emploi.com www.emploi.com

Emploi Québec emploiquebec.net/francais/index.htm

Gouvernement du Québec www.gouv.qc.ca

Immigration et communautés culturelles www.immigration-quebec.gouv.qc.ca/fr/index.asp

Institut national de la statistique et des études économiques (INSEE) www.insee.fr

Jobboom.com

L'Oréal Paris www.loreal.fr

MC2 Expérience Stratégique www.mc2.ulaval.ca/

Ministère de l'Économie, de l'Industrie et de l'Emploi, France www.minefe.gouv.fr

Monemploi.com

Monster www.monster.fr and www.monster.ca

Organisation Internationale de la Francophonie www.francophonie.org

P&G Global Operations www.pg.com

References.be www.references.be

Photo Credits